Espiritualidade do Sagrado Coração de Jesus

Dados Internacionais de Catalogação na Publicação (CIP)
(Câmara Brasileira do Livro, SP, Brasil)

Oliveira, Altamir Ribeiro de
 Espiritualidade do Sagrado Coração de Jesus : em 30 textos / Altamir Ribeiro de Oliveira. – Petrópolis, RJ : Vozes, 2017.
 Bibliografia
 ISBN 978-85-326-5438-0
 1. Espiritualidade 2. Sagrado Coração – Devoção 3. Vida cristã I. Título.

17-01695 CDD-248.4

Índices para catálogo sistemático:
1. Espiritualidade : Vida cristã   248.4

Altamir Ribeiro de Oliveira

Espiritualidade do Sagrado Coração de Jesus

em 30 textos

EDITORA VOZES

Petrópolis

© 2017, Editora Vozes Ltda.
Rua Frei Luís, 100
25689-900 Petrópolis, RJ
www.vozes.com.br
Brasil

Todos os direitos reservados. Nenhuma parte desta obra poderá ser reproduzida ou transmitida por qualquer forma e/ou quaisquer meios (eletrônico ou mecânico, incluindo fotocópia e gravação) ou arquivada em qualquer sistema ou banco de dados sem permissão escrita da editora.

CONSELHO EDITORIAL

Diretor
Gilberto Gonçalves Garcia

Editores
Aline dos Santos Carneiro
Edrian Josué Pasini
Marilac Loraine Oleniki
Welder Lancieri Marchini

Conselheiros
Francisco Morás
Leonardo A.R.T. dos Santos
Ludovico Garmus
Teobaldo Heidemann
Volney J. Berkenbrock

Secretário executivo
João Batista Kreuch

Editoração: Gleisse Dias dos Reis Chies
Diagramação: Sheilandre Desenv. Gráfico
Revisão gráfica: Nilton Braz da Rocha
Capa: Bruno Margiotta

ISBN 978-85-326-5438-0

Editado conforme o novo acordo ortográfico.

Este livro foi composto e impresso pela Editora Vozes Ltda.

Apresentação

Coração santo, Tu reinarás; Tu, nosso encanto, sempre serás!

O coração é um órgão muscular vital do corpo humano, localizado abaixo do osso anterior do tórax, composto de sistemas de bombeamento, átrio e ventrículo, enviando, através das artérias, sangue rico em oxigênio às células do nosso organismo. Ele realiza dois movimentos básicos: sístole, que é a contração das suas fibras musculares; e a diástole, movimento de dilatação, após a fase de contração. Daí a complexidade, a beleza e a necessidade do coração para a vida do ser humano.

Mas o coração vai além dessas funções naturais. Está presente no nosso imaginário simbólico, lembrando a interioridade do nosso ser, "onde a pessoa se decide ou não por Deus" (CIC, 368). O coração na Bíblia indica a profundidade do ser humano. É lugar da abertura para Deus e para os irmãos.

Quando falamos "Sagrado Coração de Jesus" estamos falando do próprio Deus. O Coração de Jesus é a revelação do seu ser. É o símbolo real de todo amor de Cristo pelos homens. Por isso, do lado aberto de Jesus jorraram sangue e água, sinais dos sacramentos do Batismo e da Eucaristia, segundo os Santos Padres da Igreja. Atraídos pelo Coração de Jesus, podemos "beber, com perene alegria, na fonte salvadora" (Prefácio da solenidade do Sagrado Coração de Jesus).

"Coração santo, Tu reinarás; Tu, nosso encanto, sempre serás!" Este é um verso de um antigo e belíssimo canto popular do devocional católico, que expressa a santidade do Coração de Jesus, seu amor por nós e a indicação para a nossa vida cristã.

Jesus é a epifania da ternura de Deus. É a encarnação da bondade, da compaixão e da misericórdia do Pai. Jesus só nos vê com o coração. Por isso, conhece as nossas necessidades e só consegue ver em nós o que é belo.

Como é bom nos sentirmos amados por Deus. Encontrá-lo é fazer a experiência do seu amor e do seu perdão. Como o discípulo amado (cf. Jo 13,25), inclinamos nossa cabeça sobre o peito de Jesus, acolhendo todo amor do seu coração. Esta experiência orienta e determina a nossa existência.

A devoção ao Sagrado Coração de Jesus, tão divulgada pela Igreja, nos convida a contemplar o próprio Senhor em sua infinita misericórdia e acolher dele seu amor por nós. No coração compassivo de Jesus encontramos alento, abrigo, proteção, perdão e amor.

Fazer a experiência do coração eucarístico de Jesus gera em nós também um coração eucarístico acolhedor, dilatado de amor, que sabe acolher, perdoar e amar. É converter o nosso coração, transformando-o de albergue de sentimentos negativos em lugar de profunda alegria e sentimentos cristãos.

O livro do leigo Altamir Ribeiro de Oliveira, *Espiritualidade do Sagrado Coração de Jesus – Em 30 textos*, além de responder à honra e à devoção ao Sagrado Coração, apresenta outras reflexões que ajudam a rezar e a viver bem, já que o amor de Jesus se estende a todas as realidades da vida.

Que ao ler estas páginas cada leitor possa se apaixonar ainda mais pelo Senhor de "coração manso e humilde", acreditando no seu amor e na sua misericórdia; conheça, acolha e viva no caminho da santidade; aprenda a praticar os valores humanos e cristãos e a encher sua vida de boas obras.

Dom Paulo Roberto Beloto
Bispo de Franca

Prefácio

O relato de textos bíblicos, como a leitura da história, da literatura e da vida real, é precioso instrumento que, silenciosamente, amplia o nosso mundo interior e nos faz expor ideias próprias e renovadoras. E a depender do conteúdo da obra, auxilia-nos não apenas no próprio aprimoramento cultural e espiritual, como também proporciona bem-estar a quem nos ouve. É, com certeza, o objetivo do presente livro.

Quando seu autor me pediu para escrever o prefácio desta pequena mas rica coletânea de textos, fiquei encantado. Em primeiro lugar pelo tema que perpassa por todo o conteúdo – o amor fraterno –, e em segundo lugar porque se tem a oportunidade de poder colocar algumas opiniões pessoais sobre o assunto.

Ao leitor coloca o foco da atenção na pedra fundamental de toda filosofia: o ser humano. Ele é o ponto de partida de tudo o que aconteceu, acontece e acontecerá. Portanto, o livro é muito pertinente para o leitor da época contemporânea, envolvido pelo excesso de materialismo, consumismo, competitividade, degradação da moral, ausência de espiritualidade. E o que temos como resultado: pessoas depressivas, descrentes, sem esperança no futuro, despidas de fé; crescente número de agnósticos, que tão mal faz à humanidade.

Neste livro o leitor poderá encontrar o melhor ponto de partida para trazer a espiritualidade para dentro de si mesmo.

O autor seleciona textos que, com suas metáforas, coloca na mente do leitor sementes que depois germinarão e transformarão sua concepção de vida, com muita qualidade, levando-o a cumprir sua missão total em busca dos objetivos pessoais, familiares e sociais.

Após uma boa leitura ficamos melhores porque somos capazes de perceber as mutações constantes; nossa vida como um caleidoscópio: os mesmos elementos gerando desenhos imprevisíveis no visor do tempo.

Leia este livro com interesse, atenção, com o objetivo de conhecer e melhorar; incorpore as lições que ele lhe oferece; pratique os seus ensinamentos, repetindo-os uma e outra vez até fazer deles sua própria filosofia de vida.

Everton de Paula

Sumário

Introdução, 13

1 Devoção: o que é?, 17

2 Devoção ao "Coração" de Jesus, 21

3 Entronização da imagem do Sagrado Coração de Jesus, 26

4 "Honra teu pai e tua mãe", 31

5 Oração: conversa íntima com Deus, 35

6 Intenção transformadora, 40

7 Hora Santa, 45

8 Festa anual do Sagrado Coração de Jesus, 49

9 Conversão: mudança à vista, 53

10 Ágape: o amor cristão, 58

11 A Hora de Presença, 64

12 Evangelho: boa notícia de Jesus, 68

13 Dons: presentes divinos, 74

14 Desenvolvimento é para todos, 78

15 Fé: abstrata e concreta, 83

16 Gratidão, 88

17 O atleta e o cristão, 93

18 A lógica de Deus e a lógica do homem, 98

19 Perdão: divino e humano, 103

20 Julgamento: divino, não humano, 107

21 Humildade: questão de consciência e atitude, 113

22 Mulher: ternura e firmeza em defesa da vida, 118

23 Vocação e família, 124

24 Religião ritualista, 128

25 A paz "de Cristo", 133

26 Escatologia: fim ou início?, 138

27 O projeto político de Jesus, 143

28 O projeto econômico de Jesus, 148

29 O projeto religioso de Jesus, 153

30 *Ite, missa est*, 158

Referências, 163

Introdução

Difundir a Devoção ao Sagrado Coração de Jesus: este é o nosso objetivo. Há séculos esta tarefa é feita diariamente por pessoas leigas e consagradas ao redor do mundo. A elas venho me juntar humildemente para que mais pessoas conheçam essa devoção e se beneficiem das transformações decorrentes.

São 30 capítulos que tratam de vários temas da vida cristã. Os temas se referem a situações vividas por pessoas de todos os tempos, e por isso são e continuarão sendo atuais. Não seguem uma ordem cronológica; por isso possibilitam a escolha aleatória do tema, de acordo com o gosto ou a necessidade do leitor.

À luz da Bíblia, já que não poderia ser de outro modo, tratamos de temas extensos em capítulos curtos, sem nos descuidarmos, porém, da análise necessária, que não pretende esgotar o tema. Ao contrário, quer abordar o assunto de modo a despertar no cristão o desejo de saber mais sobre cada um deles. Para isso leva em conta, além do texto, também o contexto político, econômico, social e cultural, para que o leitor veja com seus próprios olhos e tire suas próprias conclusões. Com isso, quer informar para transformar.

Para aquelas pessoas que creditam sua felicidade primeira ou unicamente às coisas do mundo queremos mostrar que o único modo de tê-la de forma permanente é buscar a Jesus. Os outros caminhos são relativos e limitados. Têm seu valor, é verdade. Mas, no final, se dependermos somente deles, a felicidade será ofuscada pela frustração.

Para aquelas pessoas que vivem uma religião baseada unicamente na prática de ritos como ir à igreja, oração constante e comunhão eucarística frequente, queremos mostrar que esses gestos devem ser um meio, e não um fim. A devoção ao Sagrado Coração de Jesus não pode se restringir a esses gestos. Eles são importantíssimos e devem servir para nos dar forças e orientação, mas a verdadeira missão do cristão é sua presença no meio do mundo: no seio da família, da comunidade e da sociedade. Não podemos viver alheios ao mundo como se ser fiel a Deus fosse apenas cumprir ritos, e pronto. O cristão deve buscar a formação na Igreja para promover a transformação no mundo, ainda que seja apenas o mundo que está à sua volta.

Por fim, queremos mostrar que ser devoto do Sagrado Coração não se limita ao conhecimento e prática dos ritos devocionais, como a entronização da imagem, a Hora Santa ou a Hora de Presença. A devoção deve ser a pessoa de Jesus e seus ensinamentos. Assim sendo, é preciso conhecer a pessoa de Jesus e estudar em sua escola. As lições estão na Bíblia, e os devotos precisam conhecê-las para poder praticá-las, tal como ocorre com os ritos devocionais.

Boa leitura!

O autor

Deus, conceda-me a serenidade para aceitar as coisas que eu não posso mudar, a coragem para mudar as coisas que eu posso e a sabedoria para entender a diferença entre elas (Reinhold Niebuhr, teólogo americano).

1
Devoção: o que é?

> *E não vos conformeis com este mundo, mas transformai-vos, renovando a vossa mente, a fim de poderdes discernir qual é a vontade de Deus, o que é bom, agradável e perfeito* (Rm 12,2).

Nosso humilde propósito, com este pequeno livro, é difundir a devoção ao Sagrado Coração de Jesus. Antes, porém, de outros detalhes convém nos atermos ao conceito prático de "devoção", visto que muitos fiéis ainda não têm claro o seu significado.

Devoção é algo já tão difundido e praticado no meio popular que nem nos damos conta de que, em maior ou menor grau, quase todos os fiéis são devotos, haja vista a participação maciça dos cristãos nas festas litúrgicas, como as de Santa Rita e São Cristóvão, por exemplo. Outro exemplo são as festas do mês de junho, quando se celebram Santo Antônio, São João Batista e São Pedro, tradicionalmente acompanhadas e festejadas com grande devoção popular.

Interessante notar que, mesmo conhecendo pouco ou nada da vida deles, é comum ouvirmos nosso próximo dizer que é devoto de um santo ou santa em particular. É à intercessão desses santos e santas que o fiel recorre; muitas vezes, em momentos de perigo, de tristeza, de medo ou de solidão. São inúmeros os testemunhos de graças alcançadas para si e seus familiares/amigos pela intercessão desses homens e mulheres bem-aventurados. Oportuno lembrar que, quem concede a graça e opera o milagre é Deus; os santos são os intercessores, como o atesta a Sagrada Escritura (cf. 2Mc 15,11-16).

Os santos e santas, como sabemos, foram pessoas exemplares que, fazendo de sua vida terrena um testemunho de amor a Deus e ao próximo, aceitaram, humildes e corajosos, cumprir os planos que Deus lhes havia reservado, sem nenhuma hesitação. Eles souberam, cada qual a seu modo, superar suas limitações humanas e transformar o mundo a sua volta. Com sua humildade e superação, nos deixaram exemplo único de devoção a ser seguido.

Nesse sentido é que se deve dizer "ser devoto" (= dedicado, ligado) de São Francisco de Assis, Santo Expedito, Nossa Senhora Aparecida e tantos outros cristãos iluminados que, seguindo o caminho da caridade e fraternidade ensinadas por Jesus, tornaram-se referência de comportamento para todas as pessoas que almejam uma convivência harmoniosa com o mundo, com os homens e com Deus.

Há que se observar, no entanto, que a melhor forma de devoção é aquela na qual o devoto procura conhecer a vida e a doutrina do santo ou santa, a fim de imitá-los. Não é assim quando gostamos de alguém? Queremos conhecê-lo melhor, saber o que ele pensa, como se posiciona nas situações mais ambíguas da vida. Assim também deve ser em relação aos santos e santas admirados: conhecer melhor sua doutrina para poder, dessa forma, propagá-la para que outras pessoas possam se beneficiar dela. Essa é a devoção transformadora praticada pelos santos e santas de Deus.

Outra observação a ser feita é em relação ao tempo da prática devocional. Muitos fiéis são devotos apenas em certos momentos, como por ocasião de uma necessidade ou de um "aperto". Essa seria uma devoção egoísta, que pensa somente nos próprios interesses e que, evidentemente, não agrada a Deus. A devoção deve ser praticada constantemente. Seja nos momentos bons ou ruins, fáceis ou difíceis, agradáveis ou não. Assim procederam os santos e santas de Deus.

Na origem, "devoção" significa "ação de dedicar-se por meio de voto". Voto é compromisso. Por isso, a devoção, entendida como um compromisso voluntário de dedicação feito pelo fiel, não pode ser manifestada apenas quando se quer ou se lembra. Ela deve ser expressa por meio das práticas a ela referentes, permanentemente. Por outro lado, nota-se que uma devoção consciente e transformadora pede que se conheça melhor a vida do santo ou santa de devoção, visto que só dessa forma poderemos nos aproximar mais de sua doutrina e atitudes, e assim, ainda que de forma muito humilde, procurar fazer o que eles fizeram.

Que o Sacratíssimo Coração de Jesus ilumine o coração e a mente de todos nós para que possamos transformar a pequena semente da nossa devoção em árvore frondosa que oferece seus frutos a quem dela se aproxima.

Oração

Ó dulcíssimo Coração de Jesus, Príncipe da Paz. Aumentai em nós o desejo de ser fervorosos devotos, de tal sorte que a cada dia procuremos, imitando a santa vida dos santos, fazer aquilo que queres que façamos. Que não sejamos devotos de ocasião; que o nosso compromisso seja permanente, e não apenas na hora da necessidade. Guia-nos para que sejamos dedicados e comprometidos com o bem, a ética e o que é reto. Que a cada dia, conhecendo mais das pessoas comuns, mas cujos feitos são extraordinários, procuremos imitá-las na atitude, na tolerância e no perdão. Por fim, nós vos pedimos, ó Bom Pastor, faze-nos perceber que todo mérito pela realização das obras é vosso, e não nosso. A nossa alegria consiste na devoção para convosco, servindo-lhe fielmente hoje e sempre. Amém.

Altamir Ribeiro de Oliveira

2
Devoção ao "Coração" de Jesus

Não se turbe o vosso coração; crede em
Deus, crede também em mim (Jo 14,1).

Sempre que se fala em "devoção" a primeira ideia que percorre a mente do fiel é a fé autêntica depositada em seu santo de devoção particular, a exemplo de São Francisco de Assis, Santo Expedito, Santa Luzia, São Cristóvão e tantos outros cristãos iluminados que se tornaram referência de comportamento para todas as pessoas pela maneira singular como conduziram suas vidas.

Partindo dessa concepção, percebemos que muitos cristãos, e também os próprios devotos (= dedicados, ligados), têm dúvidas sobre a devoção ao Sagrado Coração de Jesus. Não estão certos, por exemplo, se essa devoção seria a "outro santo", apenas ao "coração" (órgão físico) de Jesus ou ainda se essa não seria "mais uma" devoção.

Muito já foi dito e escrito a esse respeito, mas é sempre bom relembrar para que a prática, aquela ação transformadora que ajuda a construir um mundo mais fraterno, fundamente-se, de fato, na doutrina cristã e seja, dessa forma, agradável aos olhos de Deus.

Primeiramente é preciso ter claro que não se trata de "outro santo", pois Jesus é o "Santo dos Santos", o Mestre dos apóstolos, o próprio Filho de Deus encarnado que venceu o pecado e a morte para resgatar os homens da perdição e mostrar-lhes o verdadeiro caminho que conduz a Deus.

O culto ao Coração de Jesus, por outro lado, não deve ser tributado exclusivamente ao coração, enquanto órgão físico, mas à pessoa de Jesus na sua totalidade. Assim como na linguagem cotidiana encontramos muitas acepções figuradas da palavra "coração" (p. ex. "coração de ouro" = pessoa bondosa; "cortar o coração" = entristecer-se; abrir o coração = desabafar-se), também na Bíblia, quatro de cada cinco vezes em que é citada, a palavra "coração" tem sentido simbólico, segundo os especialistas, e significa, entre outras coisas, memória (Dt 4,39), alegria (Sl 15,9), amargura (Jr 23,9), confiança (Sl 26,3.14) e, por fim, a própria pessoa, no mais íntimo de seu ser (Dt 6,4; Mc 7,21; Rm 10,10; Is 29,13).

Cabe observar, por último, que não se trata de "mais uma devoção", pois esta é "a devoção" por excelência. Nela estão os alicerces de todo o cristianismo, conforme pondera o Papa Pio XII na Encíclica *Haurietis Aquas:* "[...] E aqui está a razão por que, na prática, o culto ao Sagrado Coração é considerado como a mais completa profissão da religião cristã. Verdadeiramente, a religião de Jesus Cristo funda-se toda no Homem-Deus Mediador".

Portanto, ser devoto do Sagrado Coração de Jesus é ser dedicado à pessoa de Jesus. É tê-lo como modelo e exemplo para a prática das ações do dia a dia. É conhecê-lo para procurar imitá-lo na doutrina, nas virtudes e atitudes. É sentir-se em paz por tê-lo por Senhor. É amar a Deus e doar-se pelos homens, como Cristo ensinou e praticou.

A pessoa de Jesus seja, por conseguinte, nosso ponto de partida e de chegada; o princípio e o fim; o alfa e o ômega; aquele no qual nos espelhamos para tomarmos toda e qualquer atitude; aquele a quem amamos sem reservas e temos gosto em honrar, confiança para esperar e gratidão para render graças continuamente: nosso Rei, Mestre e Senhor, hoje e por todos os séculos vindouros.

Em maio, quando se comemora o Dia das Mães e que é especialmente dedicado à Maria Santíssima, mãe de Jesus e nossa mãe, meditemos sobre a devoção exemplar que ela teve por seu filho sacrossanto e na importância de sermos devotos dela também. Assim agindo, daremos prova de reconhecimento à missão sublime de Nossa Senhora, que gerou e deu a vida ao Salvador da humanidade. Esse reconhecimento, com toda certeza, será motivo de alegria também para Nosso Senhor Jesus Cristo.

Oração

Eu me dou e consagro ao Sagrado Coração de Nosso Senhor Jesus Cristo: minha pessoa e minha vida, minhas ações, meus trabalhos e meus sofrimentos, a fim de no futuro empregar tudo quanto sou e tenho unicamente para a sua honra, amor e glória. É minha resolução irrevogável ser inteiramente dele e fazer tudo por seu amor, renunciando de todo meu coração a tudo que lhe puder desagradar. Portanto, ó Coração Sagrado, eu vos escolho para objeto de meu amor, para protetor de minha vida, penhor de minha salvação, amparo de minha fragilidade e inconstância, reparação de todas as faltas de minha vida e asilo seguro na hora de minha morte. Coração de ternura e bondade! Sede Vós minha justificação diante de Deus vosso Pai. Coração de amor! Em Vós ponho toda minha confiança; de minha fraqueza e maldade tudo temo, mas da vossa bondade tudo espero. Consumi, pois, em mim tudo o que puder desagradar-vos ou se opor a Vós. Imprimi o vosso puro amor tão firmemente no meu coração, que nunca mais vos possa esquecer nem nunca possa de Vós me separar. Coração Sagrado, conjuro-vos, por toda a vossa bondade, que o meu nome seja profundamente gravado em Vós; pois quero que toda a minha felicidade e glória seja viver e morrer no vosso serviço. Amém.

Santa Margarida Maria Alacoque

3
Entronização da imagem do Sagrado Coração de Jesus

Pilatos lhe disse: "Então, tu és rei?" Respondeu Jesus: "Tu o dizes: eu sou rei. Para isso nasci e para isso vim ao mundo: para dar testemunho da verdade. Quem é da verdade escuta minha voz" (Jo 18,37).

A entronização é uma prática devocional que consiste em pôr a imagem do Sagrado Coração de Jesus em um local de destaque da casa a fim de ser especialmente honrada pelo que ela representa. Dizemos que entronizamos porque a colocamos no "trono", isto é, no local reservado ao rei. Com esse gesto os devotos demonstram gratidão ao amor de Deus, reconhecem sua misericórdia e expressam a aceitação de Jesus como Rei do lar.

Se for possível, a cerimônia deve ser presidida por um sacerdote. Caso contrário, pode ser feita por outra pessoa, desde que a imagem já esteja benta previamente. Podem-se convidar, além da família, os amigos e vizinhos; afinal, é um dia de festa.

Com uma ou outra variação, o ritual segue os seguintes passos: o sacerdote faz uma breve introdução a respeito do significado da entronização da imagem no lar; depois benze a imagem (pode ser um quadro ou uma gravura); o casal põe (= entroniza) a imagem no lugar previsto; em seguida, reza-se o Credo e o Ato de Consagração das Famílias ao Sagrado Coração de Jesus; termina com a bênção da família.

O cerimonial, por si só, já é encantador. Mais importante do que o ritual, porém, é o seu significado. Ao fazê-lo, a família reconhece e aceita Jesus como único rei do lar, ao mesmo tempo em que se consagra a Ele assumindo o compromisso de cultivar um ambiente de fé, pautado pela obediência às leis de Deus, pela vivência do Evangelho e pela oração frequente. A relação do casal e dos filhos deve ser de respeito mútuo, em que todos se valorizam e cuidam uns dos outros, como ensinou o Cristo. Entronizar o Sagrado Coração de Jesus no lar significa fazer a opção de conduzir a vida da família priorizando os valores do reino espiritual e eterno que Jesus propõe, em detrimento dos valores temporais e passageiros que o mundo oferece. Agir assim é honrar a Jesus, constituindo-se numa bela forma de agradá-lo.

Quando Jesus fez sua entrada triunfal em Jerusalém para dar início ao seu ministério no centro político e religioso de Israel, foi aclamado pela multidão, que o chamou de "rei". Diferentemente de outras ocasiões, nas quais tentou manter sua realeza divina no anonimato, Jesus, naquele momento, aprovou as aclamações públicas dos discípulos. À interpelação dos fariseus para repreender seus discípulos Ele respondeu: "Eu vos digo, se eles se calarem as pedras gritarão" (Lc 19,40). Expressava, com essas palavras, uma grande alegria pelo reconhecimento demonstrado a sua pessoa pelos discípulos. Além disso, era também uma forma de dizer que a partir de então seria impossível impedir que o mundo soubesse ser Ele o verdadeiro rei do mundo, e não os reis e imperadores terrenos cujos governos tiranos conduziam à opressão e à morte. Jesus, ao contrário, quer promover a vida e a libertação.

Ademais, de acordo com os escritos de Santa Margarida Maria Alacoque, em seu original francês, Jesus prometeu todas as espécies de bênçãos para as pessoas que fizerem a entronização com a intenção de honrá-lo, como transcrito a seguir:

> 4ª promessa – Para as casas onde for entronizada e honrada a imagem do Sagrado Coração de Jesus: "Prometeu-me que derramaria com profusão, nos corações daqueles que o honrarem, todos os dons de que está pleno o seu Coração e que essa imagem, em toda a parte onde for entronizada, a fim de ser especialmente honrada, atrairá todas as espécies de bênçãos".

A imagem do Sagrado Coração de Jesus é, pois, a representação da misericórdia infinita de Deus que, por meio do Cristo, quer salvar e santificar a humanidade, provendo-lhe uma vida serena e pacífica na qual todos tenham voz e vez. Na casa onde Jesus é o rei, só Ele é superior; todos os demais são iguais e devem buscar, no aprimoramento diário da existência, desenvolver a prática do respeito, da partilha e da solidariedade. O lar será, então, um recanto de paz e estará bem próximo do Reino de Deus.

Oração

Senhor Jesus, o Evangelho de Caná nos revela que a vossa presença nos lares cristãos transforma, da água para o vinho, a vida do casal e da família. Nós queremos que o Senhor esteja presente em nosso lar, como amigo, como Senhor e Rei. Movidos pelo Espírito Santo nós nos consagramos a Vós e queremos renovar os nossos propósitos cristãos. Queremos cumprir as nossas promessas do Batismo, da Crisma e do Matrimônio. Queremos afastar de nós o espírito mundano, materialista e egoísta. Queremos cultivar as virtudes cristãs, fonte de paz e de crescimento espiritual para todos nós. Queremos cultivar cada vez mais a nossa fé, com simplicidade e perseverança. Queremos cultivar cada dia mais o amor por Vós e por nosso próximo. Queremos conduzir a nossa vida animados pela esperança de que tudo se consuma em Deus. Propomo-nos manter sempre acesa essa chama, pela assistência à santa missa todos os domingos, e a comunhão com o Senhor e a comunidade. Neste momento nós vos pedimos, Senhor, por vosso Espírito Santo, presidir as nossas reuniões, abençoar os nossos empreendimentos temporais e espirituais, afastar de nós as aflições, santificar as nossas alegrias, aliviar os nossos sofrimentos. Se alguma vez um de nós tiver a infelicidade de contrariar a vossa lei, lembrai-vos, ó Coração de Jesus, que sois bom e misericordioso para com o pecador arrependido. E quando chegar a hora da separação, nós todos, os que partem e os que ficam, seremos submissos à vossa divina vontade. Queremos consolar-nos com o pensamento de que um dia a família estará reunida, junto do Pai, para cantar a vossa glória e os vossos benefícios. Que Maria, por seu coração imaculado, e São José, patrono das famílias cristãs, estejam junto de nós, agora e todos os dias de nossa vida. Amém.

Viva o Coração de Jesus, nosso Rei e nosso Deus!

(Para o Rito da Entronização da Imagem)

4
"Honra teu pai e tua mãe"

Pois a caridade feita a um pai não será esquecida, e no lugar dos teus pecados ela valerá como reparação (Eclo 3,14).

Na história da humanidade o descaso dos filhos para com os pais já foi assunto de músicas, provérbios e histórias surpreendentes. Nem é preciso estar muito atento para ouvir frases como: "Idoso dá muito trabalho", "Idoso é muito carente", "Idoso é teimoso", entre outras assemelhadas. E o pior é que a sociedade tem consciência desse fato. Exemplo disso é um antigo adágio popular que diz: "Um pai cuida de dez filhos, mas dez filhos não cuidam de um pai", ou seja, todos sabem que é assim, estão cientes, mas deixam como está há séculos.

Na sociedade patriarcal judaica a mulher ia morar com a família do marido quando se casava e a responsabilidade de cuidar dos pais ficava com os filhos homens. Considere-se ainda que, naquele tempo, o Estado não oferecia qualquer espécie de ajuda social ou financeira para auxiliá-los a se manter sozinhos, deixando-os na total dependência dos filhos. É de se imaginar que muitos pais eram malcuidados e mesmo abandonados, apesar da prescrição legal de que a lesão e o insulto aos pais tinham punição severa (cf. Ex 21,15.17; Lv 20,9).

Já no tempo de Jesus, muitos fariseus usavam de uma artimanha para eximir-se do dever de sustentar os pais: consagravam os bens pessoais ao Templo. Com isso usufruíam da renda gerada por esses bens ao mesmo tempo em que impediam os pais de disporem deles para sustentar-se, já que estavam consagrados.

Muito tempo se passou e a situação ainda permanece. Ao contrário de outras culturas, como a oriental e a indígena, nas quais os mais velhos são valorizados e respeitados pelos mais jovens, na cultura ocidental o idoso é, em geral, menosprezado, desrespeitado e discriminado.

O tempo, entretanto, sob certa ótica, é justo, visto que não faz diferença entre este ou aquele. Todos envelhecem. E contrariando o desejo humano de ser eterno, a idade traz consigo grandes mudanças físicas, psicológicas e sociais para todas as pessoas. Elas ficam mais frágeis, tornam-se mais dependentes e se isolam. Basta um olhar e percebe-se que, comparativamente à época da juventude, elas se tornaram menos belas, menos atraentes e menos motivadas, o que, por si só, já contribui para o afastamento das pessoas e até dos próprios familiares. Daí ao abandono material e psicológico do idoso, não raras vezes, é um pequeno passo. Das enfermidades pessoais, passando pela preocupação com os filhos que foram construir suas vidas até o sentimento de perda de parentes e amigos, a existência pode ou não ter um sabor amargo. Vai depender muito do amparo dado pelos filhos.

O cristão, porém, deve ter sempre em mente que "Honrar pai e mãe" (4º mandamento da Lei de Deus) é um dever permanente e incondicional dos filhos (cf. Ex 20,12; Lv 19,3; Dt 5,16; Pr 19,26). A intransigência, a impaciência e a impertinência dos pais não podem ser usadas como justificativa para afastar-se deles nem negar-lhes auxílio. Cristo, em sua santa obediência ao Pai, posiciona-se da mesma forma em relação à dedicação dos filhos aos pais (cf. Mt 19,19; Lc 18,20). Em Genesaré, Jesus contestou os fariseus sobre o seu modo de agir quanto à justificativa deles para não ajudar os pais (cf. Mt 15,1-9; Mc 7,10-13).

Vale esclarecer, por último, que "honrar" pai e mãe não é somente "tratá-los com respeito" ou "evitar ações que lhes causem desgosto". Mais do que isso, é prestar-lhes serviços reais, é dar-lhes assistência psicológica, social e financeira, de modo a proporcionar-lhes uma vida digna até a morte deles ou a nossa.

Assistência psicológica é demonstrar afeto, fazendo-os se sentirem seguros de que a proteção e o auxílio estarão sempre perto, a fim de afastar-lhes o sofrimento psíquico causado pela sensação de abandono. Assistência social, por sua vez, é atender às suas necessidades básicas e promover-lhes os direitos, de modo que eles não fiquem desamparados e à margem da sociedade, mas façam parte dela.

Por seu turno, assistência financeira é prover-lhes o sustento, o vestuário, a medicação e outros gastos necessários a uma vida com dignidade.

Afinal, não é exatamente isso, em geral, que recebemos dos pais quando criança? A retribuição é uma mostra de gratidão, sentimento tão raro nos dias de hoje, mas que vale por uma eternidade.

Oração

Senhor, meu Deus, Vós quereis que eu respeite, ame e obedeça a meus queridos pais. Peço-vos que Vós mesmo me inspireis o respeito e a reverência que lhes devo e fazei que lhes seja filho amante e obediente. Recompensai-lhes todos os sacrifícios, trabalhos e cuidados que por minha causa têm suportado e retribui-lhes todo o bem que me fizeram no corpo e na alma, pois por mim não posso pagar-lhes tudo isso. Conservai-lhes uma longa vida no gozo de perfeita saúde do corpo e da alma. Deixai-os participar da bênção copiosa que derramastes sobre os patriarcas. Fazei-os crescer na virtude e prosperar em tudo, que por vossa honra empenharem, a fim de que um dia tornemos a ver-nos no céu, para cantar os vossos louvores por todos os séculos dos séculos. Amém.

5
Oração: conversa íntima com Deus

Seja feita a tua vontade na terra, como no céu (Mt 6,10).

Como é do conhecimento popular, a oração é uma "conversa ou diálogo com Deus". O cristão, então, pela formação familiar e comunitária que recebe, aprende a orar (ou rezar) desde criança. Aprende, também, que existem várias formas de oração, como as prescritas (Pai-nosso, Credo, ladainhas e jaculatórias) e as espontâneas (de iniciativa pessoal), a vocal e a mental, a individual e a comunitária, que devem ser feitas preferencialmente de joelhos ou de pé, mas também podem ser feitas pela pessoa que está sentada ou deitada. Ela não deve ser feita somente para si, mas também para todos os filhos de Deus. Estranhamente, quando se tornam adultos, muitos invertem por conta própria esse aprendizado, visando, quase sempre, o interesse pessoal.

A vida das pessoas é feita de buscas. Buscamos várias coisas na intenção de nos sentirmos realizados; buscamos a saúde perfeita, a relação ótima com a família, o bem-estar dos entes queridos, a estabilidade socioeconômica, entre tantas outras. E nessas buscas nem sempre o resultado condiz com as expectativas. Quando isso acontece, sentimo-nos frustrados e até impotentes. Então, nessas horas de aflição (e para muitos é somente nessas horas) é que nos lembramos de Deus. Reconhecemos nossa pequenez, ainda que a contragosto, e recorremos a Ele para que resolva para nós os entraves contra os quais sozinhos nada podemos.

A exemplo de Jesus, que também orava constantemente, inclusive nos momentos decisivos de sua vida, os seus devotos também devem fazer o mesmo. A oração deve fazer parte da vida diária do cristão; isto é, ser um ato constante, e não apenas nos momentos de aflição. Deve ser de louvor e gratidão, e não apenas de súplica; brotar do coração, e não apenas dos lábios; deve ser para ouvir também, e não apenas para falar. Aliás, é preciso cautela com o quanto se fala. São Francisco de Sales, um dos grandes difusores da devoção ao Sagrado Coração de Jesus, lembra: "Não te deixes levar pela pressa infundada de fazer muitas orações, mas cuida de rezar com devoção; um só Pai-nosso rezado com piedade e recolhimento vale mais do que muitos recitados precipitadamente". Jesus foi na mesma linha de pensamento quando ensinou: "Nas vossas orações não useis de vãs repetições, como os gentios, porque imaginam que é pelo palavreado excessivo que serão ouvidos" (Mt 6,7). É certo que o ensinamento aqui não é para se evitar que a oração seja longa, mas prolixa (com palavras excessivas e desnecessárias).

Outra característica importante da oração, além de ser persistente, é que ela deve ser feita com humildade. Só o humilde, isto é, aquele que reconhece as próprias limitações e, em razão disso, submete-se incondicionalmente à vontade de Deus porque sabe que precisa de sua ajuda, é que pode ter suas preces atendidas. Assim ensinou Jesus na Parábola do

Fariseu e o Publicano (cf. Lc 17,9-14). Isso nos mostra que, muitas vezes, não é o mundo que precisa ser mudado, e sim nós mesmos.

Ressalte-se, ainda, que a oração não deve prestar-se somente a pedir favores pessoais a Deus. É certo que isso é legítimo; afinal, somos seus filhos e fomos criados por Ele para ter vida em plenitude. Mas é certo, também, que devemos "ouvir" sua palavra que nos foi passada por Jesus Cristo. E sua palavra diz que devemos ser colaboradores na construção do Reino de Deus que Jesus veio trazer para a terra. Para isso devemos propagar o ensinamento de Jesus, que almeja igualdade e justiça para todas as pessoas. O Reino de Deus está próximo e, aqui, "próximo" não se refere a um tempo futuro, e sim à acessibilidade. Quer dizer que está "perto", "acessível a todos". Basta deixar-se conduzir pelo ensinamento de Jesus, render-se humildemente ao auxílio de Deus, e já teremos uma amostra do paraíso aqui na terra. Nessa forma de oração não pedimos um benefício próprio, mas a graça de Deus para nos ajudar a proporcionar um bem ao próximo. Em outras palavras, ao invés de pedir para Deus nos dar algo, nós pedimos para Deus nos dar força para nós darmos algo para outras pessoas.

Por último, cabe lembrar que mesmo que a oração seja feita com persistência e humildade, nem sempre Deus atende aos nossos pedidos no tempo e na forma como desejamos. Pode ser, ainda, que a oração "aparentemente" não seja atendida. Tal situação não deve ser motivo de desapontamento para o cristão. Primeiro, porque Deus é nosso Criador e Pai. É, portanto, Soberano, e não um objeto obrigado a atender nossos caprichos. Segundo, porque Deus é onisciente (conhece tudo) e sabe do que precisamos (cf. Lc 12,30-31). Jesus nos ensinou que se os homens que são maus dão boas coisas aos filhos, quanto mais Deus em sua santidade dará boas coisas aos que lhe pedirem (cf. Lc 7,11). Por isso dizemos que a oração pode não ser atendida "aparentemente". Porque, às vezes, Deus, que tudo sabe, nos concede algo mais apropriado para o momento do que nossa razão limitada pode enxergar. Não raro as pessoas buscam a satisfação em coisas materiais e não percebem que a carência está no espírito. É necessário buscar primeiro o Reino de Deus e, assim, as outras coisas nos serão dadas por acréscimo (cf. Lc 6,33). E, mais importante, ao fazer a oração, deve-se estar disposto a aceitar a vontade de Deus, que pode ser diferente da nossa. Caso contrário, seria uma exigência, não uma súplica. E nós não temos condições de exigir absolutamente nada de Deus. Ao pedir devemos, antecipadamente, aceitar que seja feita a vontade de Deus. Confiar nele incondicionalmente. Mais do que isso, devemos não apenas "aceitar", mas "desejar" que a vontade de Deus se realize em nossas vidas. Isso significa deixar a passividade e assumir o engajamento. Jesus mesmo vivia em função de fazer a vontade do Pai (cf. Jo 4,34; Mt 12,50; Lc 22,42).

Assim sendo, resgatemos a simplicidade de criança ao fazer as orações. Sejamos constantes, persistentes e humildes. Oremos a Deus em nome de Jesus, e não fiquemos somente falando, mas ouçamos o que Deus quer de cada um de nós. Procuremos, por meio dessa conversa íntima com Deus, saber como podemos ajudar a tornar o Reino de Deus mais próximo das pessoas. Entreguemo-nos integralmente à graça e à vontade de Deus, que tudo sabe e em cujo amor e misericórdia quer oferecer vida plena para todos.

Oração

Deus onipotente, eterno, justo e misericordioso, concedei a nós, pobres criaturas, fazer por vossa graça aquilo que sabemos ser a vossa vontade, e de fazer sempre aquilo que vos agrada, a fim de que, purificados no coração e iluminados pelo Espírito, possamos seguir o exemplo do vosso Filho e Nosso Senhor Jesus Cristo, e alcançar-vos somente pela vossa graça, ó Altíssimo, que viveis e reinais na glória em perfeita Trindade e simples Unidade, ó Deus onipotente, pelos séculos eternos. Amém

São Francisco de Assis

6
Intenção transformadora

Recomenda a Deus tuas obras, e teus projetos se realizarão (Pr 16,3).

A primeira encíclica dedicada ao tema da devoção ao Sagrado Coração de Jesus foi escrita pelo Papa Leão XIII em maio de 1899, e foi intitulada *Annum Sacrum* (do latim "Ano Sagrado").

No documento papal, o Sumo Pontífice, após muitos pedidos de particulares e também dos bispos, consagrou todo o gênero humano ao Coração de Jesus. Sua intenção era, como ele próprio escreveu, "tornar mais santa esta grande solenidade religiosa" que na prática já existia, porém em locais esparsos.

No documento, além de dar a fórmula da consagração, o papa explica, entre outras coisas, os princípios teológicos pelos quais a consagração a Jesus é devida por natureza e por direito adquirido.

Leão XIII, como chefe da Igreja, sentindo que era chegado o tempo oportuno, valeu-se da escrita para orientar e estimular os fiéis e o clero nessa devoção sagrada que ele chamou de "excelentíssima forma de piedade religiosa". Perceba que o Santo Padre teve uma atitude coerente com o objetivo desejado, pois tendo a intenção de "tornar mais santa esta grande solenidade religiosa" (objetivo), ele escreveu a encíclica (atitude).

Muitas são as pessoas à nossa volta que maldizem a sorte, responsabilizam o destino ou, pior, responsabilizam o próprio Deus por seus infortúnios. Todavia, são poucas aquelas que tomam uma atitude condizente com o propósito desejado. Seja porque falta saber o que fazer, falta saber como fazer ou pelo simples conforto do "não comprometimento". Pensa-se, quase sempre, em "o que eu ganho com isso" (visão mundana, egoísta), e quase nunca em "o que eu posso fazer para contribuir" (visão divina, altruísta).

Com esse modo de pensar a pessoa evita tomar atitudes, acomoda-se e consequentemente não progride na relação com o próximo nem na relação com Deus. Perde a vida por medo de agir em defesa dela. Uma coisa é fracassar em atingir o objetivo; outra, muito diferente, é fracassar sem nem ao menos ter tentado.

Note-se que a concretização do objetivo é obra do Espírito Santo, mas ao devoto cabe lançar a semente. É a atitude pura e simples de procurar honrar continuamente a Cristo, fazendo o que Ele fez e ensinou. A propagação da devoção ao Sagrado Coração de Jesus, portanto, é responsabilidade de todos, e não somente das autoridades eclesiásticas. O clero já faz a sua parte, o que não exime os fiéis de fazerem a sua. Certamente, cada um contribui com aquilo que pode, pois todos recebemos dons (= presentes divinos) *para ajudar na messe; seja fazendo oração*, colocando-se a serviço, dando testemunho, dando exemplo, falando, escrevendo, partilhando dos bens, entre outras atitudes.

A boa notícia é que o "custo" com a atitude de "contribuir com a missão" é ínfimo quando comparado à recompensa por sentir-se colaborador da construção do Reino. O próprio Papa

Leão XIII, na referida encíclica, dá mostras expressas de eterna gratidão a Deus pela oportunidade de praticar aquele ato.

Seguindo o exemplo do chefe supremo da Igreja, todos nós devemos ter o firme propósito de honrar o Coração Sacratíssimo de Jesus (objetivo) e colaborar no culto e na propagação com os dons que temos (atitude). Não para atribuir a nós próprios os méritos das realizações, obviamente, já que todo mérito é do Espírito Santo, mas para a grandeza da Trindade Santa, que nos dá a graça de sermos usados como instrumentos para realizar seus desígnios.

Sabemos que a intenção, por melhor que seja, se não for posta em prática, não transforma nenhuma realidade, mas a boa intenção posta em ação pode transformar uma realidade sofrível e promover a vida. Esta sim é a intenção transformadora que, ao contrário do que muitos pensam, não se perde nada em concretizá-la, mas se ganha muito em crescimento na fé, paz de espírito e proximidade com Deus.

Oração

Dulcíssimo Jesus, redentor do gênero humano, lançai os vossos olhares sobre nós, humildemente prostrados diante de vosso altar. Nós somos e queremos ser vossos; e para que possamos viver mais intimamente unidos a Vós, cada um de nós neste dia se consagra espontaneamente ao vosso Sacratíssimo Coração. Muitos nunca vos conheceram; muitos desprezaram os vossos mandamentos e vos renegaram. Benigníssimo Jesus, tende piedade de uns e de outros e trazei-os todos ao vosso Sagrado Coração. Senhor, sede o Rei não somente dos fiéis que nunca de Vós se afastaram, mas também dos filhos pródigos que vos abandonaram; fazei que eles tornem, o quanto antes, à casa paterna, para que não pereçam de miséria e de fome.

Sede o Rei dos que vivem iludidos no erro, ou separados de Vós pela discórdia; trazei-os ao porto da verdade e à unidade da fé, a fim de que em breve haja um só rebanho e um só pastor.

Senhor, conservai incólume a vossa Igreja, e dai-lhe liberdade segura e sem peias; concedei ordem e paz a todos os povos; fazei que de um a outro polo do mundo ressoe uma só voz: Louvado seja o Coração Divino, que nos trouxe a salvação! Honra e glória a Ele para sempre. Amém.

Papa Pio XI

7
Hora Santa

Como assim, não fostes capazes de vigiar comigo por uma hora! Vigiai e orai para que não entreis em tentação, pois o espírito está pronto, mas a carne é fraca
(Mt 26,40).

A Hora Santa é o rito de adoração ao Santíssimo Sacramento (Hóstia Consagrada) costumeiramente feito pelos fiéis às Quintas-feiras Santas após a cerimônia do lava-pés, quando se medita, entre outras coisas, sobre a agonia de Jesus no Jardim das Oliveiras. Esses momentos marcantes na vida de Cristo narrados nos evangelhos (Mt 26,36-46; Mc 14,34-42; Lc 22,39-46) foram, talvez, os momentos mais difíceis da vida terrena do Mestre, já que teve de superar a tristeza, a solidão e o sentimento de abandono. Por essa razão, na Hora Santa são feitas orações, cantos e meditação do Evangelho com o propósito de unir-se a Jesus na agonia que Ele sentiu no Jardim das Oliveiras e, também, para pedir perdão por todas as nossas faltas.

Por certo esses momentos destilam ensinamentos até nos gestos ou mesmo na falta deles, e muito mais haveria de ser dito e meditado sobre eles. O que pretendemos aqui, porém, é despertar os cristãos para a prática constante da Hora Santa, por seu valor litúrgico e devocional.

A Hora Santa foi pedida aos discípulos pelo próprio Jesus no Horto (cf. Mt 26,40) e sua prática é incentivada pela santa Igreja. A despeito disso e mesmo sendo uma prática devocional tão bela, estranhamente a Hora Santa é pouco exercitada. Seja por desconhecimento de seu valor, seja por comodidade dos fiéis, o fato é que ela deveria ser praticada com mais frequência, visto que se trata, antes de tudo, de um gesto de amor e gratidão a Jesus.

Em relação ao local para se fazer a Hora Santa é bom esclarecer que não é obrigatório estar diante do Santíssimo para adorá-lo. Pode-se fazer a Hora Santa em casa ou em qualquer outro lugar, desde que sejam possíveis a adoração, a meditação e a reflexão da Palavra.

Quanto ao modo de adorar, não é obrigatório ficar ajoelhado. Pode-se fazer a oração em uma posição confortável. Quando Salomão fez a dedicação do Templo de Jerusalém, ele orou de pé como os judeus costumavam fazer (1Rs 8,22; Mt 6,5; Lc 18,11). A oração de joelhos era feita quando se pretendia demonstrar mais humildade ou intensidade (Sl 95,6; At 7,60).

Finalmente, é bom lembrar que não é necessário que a Hora Santa seja de exatos 60 minutos. É bom que o seja, mas não consiste em obrigatoriedade. Primeiro porque a palavra "hora" usada nos evangelhos vem da palavra grega ὥρα, que também significa "momento", "tempo determinado". Em muitos outros textos bíblicos essa palavra é usada com o mesmo sentido (Jo 5,25; Ap 11,13; 14,7). Como na Bíblia, em linguagem popular, que também se usa a palavra "hora" como sinônimo de "momento", dos quais são exemplos: "em boa hora" (= momento oportuno); "fora de hora" (= momento inadequado).

Ademais, para Deus, o tempo não é medido em minutos e segundos como o fazem os homens, pois para Ele "um dia é como mil anos e mil anos como um dia" (Sl 90,4; 2Pd 3,8).

Portanto, a Hora Santa pode ser de 5 minutos, de 20 minutos ou simplesmente de um momento. Pode ser feita diante do Santíssimo, em casa ou em qualquer outro lugar. Pode-se fazê-la de joelhos, em pé ou em uma posição confortável. O importante para Jesus é a disposição do coração em demonstrar-lhe amor e gratidão por sua entrega voluntária pela remissão dos pecados humanos.

Os discípulos, em muitas ocasiões, não corresponderam ao amor de Cristo. Na barca, por exemplo, Jesus acordou para salvá-los da morte iminente. No Jardim das Oliveiras, contudo, os discípulos dormiram quando Jesus pediu simplesmente a companhia deles. Na montanha, Pedro, Tiago e João queriam ficar junto com Cristo quando o viram glorioso na transfiguração. No Jardim das Oliveiras, porém, mesmo a pedido de Jesus, os mesmos discípulos não o acompanharam na amargura humana. E é desta maneira que, ainda hoje, tratamos Jesus, muitas vezes, com ingratidão.

Por tudo isso é de bom grado demonstrar que não queremos ser cristãos somente quando nos convém ou quando precisamos que o poder de Deus nos conceda algo extraordinário. A nossa fé deve ser incondicional, e fé não consiste somente na confiança em Deus, mas, também, na prática de gestos que demonstram essa confiança.

Oração

Ó Coração Sagrado de Jesus, Casa do Deus
e Porta do Céu. Nós imensamente vos
agradecemos por este santo momento de
comunhão convosco. Nesta união sagrada
queremos não apenas falar, mas também ouvir;
não apenas pedir, mas também agradecer;
não apenas reclamar por aquilo que não
conquistamos, mas também louvar-vos por
aquilo que não perdemos. Graças e louvores
a ti, Senhor, Templo Santo de Deus, em todos
os momentos de nossa vida. Que a cada dia
possamos, com atitudes concretas, ajudar
a construir um mundo mais justo, sempre
orientados e dirigidos por vossa graça. Amém

Altamir Ribeiro de Oliveira

8
Festa anual do Sagrado Coração de Jesus

Hei de deleitar-me em vossas leis, e jamais esquecerei vossas palavras (Sl 118,16).

As datas sempre foram importantes na vida das pessoas, quer no sentido individual, quer no coletivo. Enquanto indivíduos, comemoramos o dia do nascimento, da formatura, do casamento... Enquanto povo, festejamos as datas cívicas (como o dia do descobrimento e da independência do país) e as datas religiosas (como a Páscoa e o Natal).

Há uma data entre os cristãos que, como tantas outras de relevo, merece destaque especial: a Festa anual do Sagrado Coração de Jesus. Ela é celebrada oito dias após o Dia de *Corpus Christi*, e a participação da Eucaristia neste dia deve ser compromisso de todos. Em alguns anos, excepcionalmente, cai no mês de maio, mas normalmente ela é celebrada em junho, mês este, aliás, que é todo dedicado ao Sagrado Coração de Jesus.

Historicamente, o processo de aprovação dessa festa pela Igreja na liturgia universal foi lento e gradual. Passaram-se 160 anos desde o primeiro pedido oficial feito pelas monjas visitandinas, em 1696, até a aprovação oficial pela Santa Sé em 1856.

Além disso, inicialmente a celebração foi aprovada apenas em algumas regiões da Europa, e só depois estendida a toda a Igreja.

Dentre os muitos fiéis que se engajaram nessa luta para conseguir a aprovação litúrgica destacam-se dois grupos: as monjas visitandinas e os jesuítas.

De acordo com Margarida Maria Alacoque, monja visitandina do Mosteiro de Paray-le-Monial (França) proclamada santa pelo Papa Bento XV em 1920, a celebração da festa foi um pedido do próprio Jesus em sua terceira aparição em junho de 1675: "[...] a primeira sexta-feira depois da oitava do Corpo de Deus seja dedicada a uma festa especial para honrar o meu Coração, comungando neste dia e dando-lhe a devida reparação por meio de um ato de desagravo, para reparar as indignidades que recebe durante o tempo que fica exposto sobre os altares [...]".

Com base na experiência mística da santa as monjas visitandinas, apoiadas pelos padres jesuítas, apresentaram vários pedidos à Santa Sé, dentre os quais a aprovação da festa litúrgica do Sagrado Coração e a sua celebração na sexta-feira depois da Festa de *Corpus Christi*. Após três tentativas frustradas, o quarto pedido das visitandinas foi atendido.

Iniciou-se, nesse tempo, na Igreja, o culto público ao Sagrado Coração, ainda que, conforme aprovação pontifícia do Papa Clemente XIII, o culto ficasse restrito apenas a algumas regiões da Europa.

Enfim, aos 23 de agosto de 1856, o Papa Pio IX, entendendo ser a hora oportuna, estendeu a festa litúrgica à Igreja universal.

Importantíssimo, todavia, é o estado espiritual dos cristãos ao participar da celebração, que é um compromisso alegre e não deve ser feita simplesmente "por obrigação" ou "por dever", mas por devoção (ação de dedicar-se por meio de voto) e gratidão, pois Jesus pediu que a festa deveria ter o propósito de honrá-lo para reparar as injustiças que recebe. Assim, é preciso envolver-se, deleitar-se, ter gosto e, nesse clima, render-lhe glórias com nossos louvores e nossa gratidão, de todo coração e de toda alma.

Oração

Oh, meu Jesus, lançai sobre nós um olhar de misericórdia! Volvei vossa face para cada um de nós, como fizeste a Verônica. Não para que a vejamos com os olhos corporais, pois não o merecemos, mas volvei-a para os nossos corações, a fim de que, amparados sempre em Vós, possamos haurir nessa fonte inesgotável as forças necessárias para nos entregarmos ao combate que temos de sustentar. Amém.

Papa Pio IX

9
Conversão: mudança à vista

Se permanecerdes na minha Palavra sereis meus discípulos e conhecereis a verdade, e a verdade vos libertará (Jo 8,31-32).

Imagine duas pessoas que irão viajar de avião. Uma está radiante, pensa no quanto irá se divertir, realizar um sonho de criança, ver a paisagem pela janela e relaxar até chegar tranquilamente ao destino. A outra, ao contrário, está em pânico, as mãos tremem, o coração dispara, pensa só no que pode dar errado e quer sair o mais rápido possível daquela situação. Imagine agora outra situação: duas pessoas precisam ir até o 15º andar de um prédio. Uma delas entra calmamente no elevador, enquanto a outra, que só de se imaginar em um local fechado passa mal, prefere ir pelas escadas. Veja que as situações a que as pessoas foram expostas são as mesmas (avião e elevador); porém, a reação de cada uma delas foi totalmente diferente. Por quê? Porque cada pessoa reage emocionalmente de acordo com o seu ponto de vista; isto é, sua maneira de conceber a realidade. Por isso, em maior ou menor grau, a felicidade de uma pessoa está diretamente ligada a sua visão de mundo.

Por esse motivo é tão importante refletir constantemente sobre os conceitos que temos, pois moldam o nosso ponto de vista. Muitos deles são aprendidos de outras pessoas, e após serem admitidos como verdade absoluta, governam todo o comportamento.

No tempo de Jesus, muitos conceitos disseminados como verdades tinham interesses egoístas e queriam somente manipular a consciência do povo. Eles seguiam a verdade que era passada principalmente pelos sacerdotes e pelos imperadores. A população não conseguia enxergar a verdade que libertava e, muitas vezes, passava a vida inteira escrava de algum conceito que nem tinha a aprovação de Deus.

O Coração Sacrossanto de Jesus veio ensinar que a maneira de ver as coisas deveria mudar. Os poderosos precisavam se tornar mais humildes; os humildes, mais conscientes. Por isso o Mestre veio pregar a conversão (cf. Mt 4,17). A palavra grega traduzida por "conversão" significa "mudança de mentalidade" ou "mudança no modo de pensar". Mas não era uma mudança qualquer, deveria ser uma mudança que promovesse o retorno à aliança com Deus. Desse modo, as pessoas viveriam conforme seus ensinamentos e o mundo seria visto sob a ótica divina. Foi isso que Jesus ensinou para o povo de sua época e ensina para nós hoje: muitas vezes é preciso mudar o modo de ver as coisas, pois a alegria ou o sofrimento são mais uma questão do modo como se olha a situação do que a situação em si. Quando Jesus afirma que, com seu ensinamento, "os cegos recuperam a vista" (Mt 11,4-5), está se referindo, na realidade, à visão espiritual, isto é, à conscientização de que o mal que existe no mundo é consequência do distanciamento de Deus e de seus mandamentos. Um dos pontos centrais de sua missão era "abrir os olhos" das pessoas para que elas pudessem ter um olhar crítico da realidade e vivessem de acordo com a vontade de Deus. Foi isso que fez aos discípulos de Emaús: devolveu-lhes o ânimo quando, olhando, o reconheceram (cf. Lc 24,13-35).

Jesus nos ensinou que é preciso discernir a verdade dos homens da verdade de Deus. Com toda certeza viver exclusivamente com base na verdade assegurada pelos homens é "cegueira"; é não querer ver que essas verdades trazem, muitas vezes, uma satisfação limitada, ilusória e passageira. Por isso é tão importante a conversão; mudar o foco; olhar o mundo sob outro ângulo; aprender e praticar os ensinamentos de Cristo; ter consciência das injustiças e atitude para corrigi-las. A verdadeira realização virá como acréscimo. Haverá, pois, liberdade e solidariedade para todos, sem limites nem ilusão.

Convém lembrar, por último, que a única maneira de enxergar o mundo de um modo melhor é voltando-se para Deus e sua verdade. Jesus é esta verdade, a verdadeira mensagem de amor de Deus pela humanidade. Por isso, quer que aprendamos com Ele (cf. Mt 11,29). Se conseguirmos enxergar o mundo idealizado por Jesus teremos mais esperança e paz de espírito; seremos mais amáveis, mais livres e mais felizes. É bom lembrar: se queremos mudar o mundo é preciso, antes, enxergar o que realmente precisa ser mudado. Pode ser que seja o mundo, pode ser que seja somente nossa maneira de vê-lo.

Oração

Ó Deus eterno e todo-poderoso, eis que me aproximo do sacramento do vosso Filho Único, Nosso Senhor Jesus Cristo. Impuro, venho à fonte da misericórdia; cego, à luz da eterna claridade; pobre e indigente, ao Senhor do céu e da terra. Imploro, pois, a abundância da vossa liberalidade, para que vos digneis curar a minha fraqueza, lavar as minhas manchas, iluminar minha cegueira, enriquecer minha pobreza, vestir minha nudez. Que eu receba o Pão dos anjos, o Rei dos reis e o Senhor dos senhores com o respeito e a humildade, com a contrição e a devoção, a pureza e a fé, o propósito e a intenção que convêm à salvação da minha alma. Dai-me que receba não só o Sacramento do Corpo e Sangue do Senhor, mas também o seu efeito e a sua força. Ó Deus de mansidão, dai-me acolher com tais disposições o Corpo que vosso Filho Único, Nosso Senhor Jesus Cristo, recebeu da Virgem Maria; que eu seja incorporado ao seu corpo místico e contado entre seus membros.

Ó Pai, cheio de amor, fazei que, recebendo agora vosso Filho sob o véu do Sacramento, possa na eternidade contemplá-lo face a face. Ele que convosco vive e reina, na unidade do Espírito Santo. Amém.

Santo Tomás de Aquino
(Para antes da Comunhão)

10
Ágape: o amor cristão

Como eu vos amei, amai-vos também uns aos outros (Jo 13,34).

Sem dúvida alguma o amor é o tema central do cristianismo. Jesus, além de resumir a Lei à prática do amor a Deus e ao próximo (cf. Mt 22,36-40), estabeleceu a prática do amor como sinal distintivo daqueles que desejam segui-lo (cf. Jo 13,35). Entretanto, apesar do tema do amor constituir a base da vida cristã e muito se falar sobre ele, pouco se fala sobre o seu real significado. Pelo sentido usual da palavra "amor" é bem possível que muitas pessoas pensem que o ideal cristão é inatingível e desistem de persegui-lo. Outras tantas, ao contrário, não se abatem: fazem parte da Igreja, são perseverantes na oração e na prática dos ritos devocionais. Mas será que vivenciam o amor sublime que Jesus ensinou? Esta é uma questão linguística que merece esclarecimento.

A língua portuguesa utiliza apenas uma palavra para definir os vários tipos de sentimentos relacionados ao amor. A língua grega, na qual o Novo Testamento foi escrito, utiliza quatro, sendo cada palavra para um contexto próprio:

Eros: é o amor instintivo, sexual. Refere-se especialmente à atração física. Não é usado no Novo Testamento.

Stórge: é o amor entre os membros de uma família; das pessoas que têm laços de parentesco. São Paulo o utiliza para mostrar que os cristãos formam uma grande família (cf. Rm 12,9-10).

Philia: é o amor entre amigos; é o mesmo que "querer bem". É feito por escolha com quem se tem afinidade. Quase sempre espera reciprocidade; tendo, por isso, sentido emocional (cf. Mt 10,37; Jo 11,3).

Ágape: é o amor que Jesus praticou e ensinou. É desinteressado e altruísta, voluntário e racional. Tem-se por todos indistintamente; não há escolha de pessoas; todas são merecedoras dele. É o amor no qual se despoja das próprias vontades para atender à necessidade alheia (cf. Jo 15,13). É o amor que transcende o sentimento e culmina numa ação benevolente.

Jesus pregou e orientou seus seguidores a praticar o ágape. É nesse sentido que Cristo ensinou a amar os inimigos (cf. Lc 6,27). Jesus espera que, mesmo não tendo afeição pela outra pessoa, se tenha, ao menos, uma atitude de bondade e respeito para com ela. Pelo fato de serem filhos e filhas de Deus, todas as pessoas merecem ajuda e respeito, independentemente de seu caráter e da sua simpatia. Ágape, portanto, não é sentimento, é comportamento. Um comportamento que não exclui o sentimento, mas também que não depende dele para existir. É o modo de agir desprendido que nos leva a reconhecer as boas atitudes das pessoas, mesmo que se trate de alguém que não temos afinidade alguma. É o amor que nos leva a praticar sacrifícios, se preciso for, em benefício do próximo.

Ao ensinar o ágape, Jesus não apenas cumpriu a Lei, mas deu a ela uma nova extensão. Orientou seus seguidores a não fazer o bem somente a quem fizesse o bem a eles, mas também a quem os odiava. Mais ainda, ensinou que os cristãos deveriam orar por aqueles que os perseguiam (cf. Mt 5,44-45). Assim deve ser o devoto do Sagrado Coração de Jesus: fazer o bem e orar por todas as pessoas, e não somente para si. Este é o ágape, a forma mais sublime do amor. Com essa atitude a pessoa se distancia do humano e se aproxima do divino (cf. Mt 5,45). Torna-se mais parecida com Deus, pois Deus é amor (ágape), e por isso faz o bem tanto para os bons quanto para os maus, sem distinção.

Muitas pessoas vivem apenas sentindo o amor. Têm afeição pelas outras pessoas, é verdade. Comovem-se, até, com suas necessidades e aflições. Mas é um amor passivo, contido, inerte; não muda a realidade. É preciso que o amor seja ativo, que ultrapasse os limites do sentimento puro e seja expresso com ações e gestos concretos. Gestos como ajudar alguém que passa por necessidade, tratar os membros da família com respeito e atenção, ajudar o colega que está com sobrecarga de trabalho, fazer do trabalho um verdadeiro serviço à sociedade, dar atenção a quem tem necessidade de ser ouvido, posicionar-se do lado do que é justo, entre outros tantos. Mais do que sentir, ágape é agir; mais do que elogiar, é ajudar.

Este deve ser, pois, o amor que guia a vida do cristão na família, na comunidade e na sociedade. Um amor que promove o perdão, a partilha e a solidariedade, sem nada esperar em troca. Que não age pelo impulso do instinto, mas é racional, produtivo e incondicional. Vale lembrar que "ser racional" não é "ser frio" ou "sem sentimentos"; e, sim, consciente, ou seja, ter consciência de que fazer o bem ao próximo é imitar Jesus em sua obediência a Deus. E "próximo" não é só a pessoa amiga que pode nos oferecer algo em troca, mas também aquela que não tem nada a oferecer. Os homens consideram umas pessoas mais importantes do que outras, mas para Deus todos têm a mesma importância; os homens valorizam gestos de poder, mas Deus valoriza gestos de amor; os homens ficam impressionados simplesmente com as aparências, mas para impressionar Deus é preciso atitude, é preciso ágape.

Oração

Senhor Jesus Cristo, que dissestes: "Pedi e recebereis, buscai e achareis, batei e abrir-se-vos-á", nós vos suplicamos que concedais a nós, que vo-lo pedimos, os sentimentos afetivos do vosso divino amor, a fim de que vos amemos de todo o coração e que esse amor transcenda por nossas ações. Permiti que tenhamos sempre, Senhor, um igual temor e amor pelo vosso santo Nome, pois não deixais de governar aqueles que estabeleceis na firmeza do vosso amor. Vós que viveis e reinais para todo o sempre, no amor de Deus Pai e do Espírito Santo. Amém.

O que você é, é um presente de Deus para você, o que você se torna é um presente seu para Deus (Hans Urs von Balthasar, teólogo suíço).

11
A Hora de Presença

*Crescei na graça e no conhecimento de
Nosso Senhor Jesus Cristo* (2Pd 3,18).

Muitos cristãos têm boa intenção em fazer algo em louvor ao Sagrado Coração de Jesus, mas são muitos também os que dizem não saber o que nem como fazê-lo. Em textos anteriores já falamos sobre algumas práticas devocionais, como a Entronização da imagem, a Hora Santa, a Festa anual e outros temas correlatos. Os textos foram escritos com o propósito de ser um chamariz, isto é, despertar no fiel o interesse pela devoção e infundir nele a vontade de saber mais sobre o tema. Imbuídos deste espírito de evangelização, recomendamos a Hora de Presença.

A Hora de Presença ou Guarda de Honra do Sagrado Coração de Jesus, como também é conhecida, é uma prática devocional na qual os devotos se reúnem no mundo inteiro, inclusive no Brasil, com o propósito de consolar o Coração Sacratíssimo de Jesus por meio de glória, amor e reparação. Consiste basicamente em oferecer uma hora qualquer do dia, à escolha do devoto, visando honrar a Jesus, atitude com a qual se pretende reparar nossas faltas e as faltas das outras pessoas. Além disso, a união com Cristo, por meio do exercício da Hora de Presença, dá orientação ao nosso dia para que nossos atos estejam alinhados com a vontade divina.

A Hora de Presença teve origem na passagem bíblica de Jesus crucificado no Monte Calvário, tendo por companhia Maria Santíssima, Maria, mulher de Cléofas, Maria Madalena e o discípulo amado quando ofereceram, aos pés da cruz, a primeira "Guarda de Honra" ao coração transpassado de Jesus, prestando-lhe uma homenagem de amor, glória e reparação naquele momento tão difícil da vida terrena do Mestre. Além da dor física, Jesus tinha uma dor enorme na alma por ter sido negado e abandonado pelos discípulos.

O rito da Hora de Presença baseia-se na cena da crucificação no Monte Calvário (cf. Jo 19,25-27), mas ganhou popularidade e adquiriu as características que tem hoje somente em 1863, quando em um dos mosteiros da Visitação, na França, uma monja, inspirada na passagem bíblica e nas palavras de Jesus pelos lábios do salmista ("Esperei quem me consolasse e não encontrei" (Sl 68,21)), reuniu algumas pessoas para continuar o gesto das três Marias e do discípulo amado no calvário. Então, de hora em hora, ininterruptamente, as pessoas cujos nomes estavam previamente estabelecidos se revezavam para louvar e glorificar a Jesus. Surgia assim a "Guarda de Honra do Sagrado Coração de Jesus".

Mais de um século depois, em 1977, de acordo com os estatutos do Conselho Pontifício para os Leigos, a "Guarda de Honra" passou a se chamar "Associação Hora de Presença diante do Coração de Jesus", e tem sua sede no Mosteiro da Visitação de Santa Maria em Paray-le-Monial, na França. No Brasil, a associação foi fundada em 1876, e sua sede fica em Diamantina, mas também conta com centros nas cidades de Barbacena e São Paulo.

Os membros inscritos dessa associação recebem orações continuamente. No Mosteiro da Visitação de São Paulo, por exemplo, toda primeira sexta-feira do mês reza-se missa pelos inscritos vivos e falecidos. Para fazer a inscrição basta procurar um centro mais próximo e preencher uma ficha com dados pessoais. O associado receberá, então, um distintivo e um estatuto no qual está descrita a essência dessa devoção, que o ajudará a perseverar e crescer na fé.

Interessante notar que, para fazer a Hora de Presença, não é necessário que a pessoa mude nada em suas atividades cotidianas. É preciso somente definir uma hora do dia, a critério do próprio fiel, e, nessa hora, unir-se "em espírito" ao Coração Santíssimo de Jesus com a intenção de honrá-lo. Por exemplo, se a hora escolhida for de trabalho, continue trabalhando; se for hora de lazer, continue se divertindo; e assim por diante.

Como se vê, entre as várias práticas devotadas ao Sagrado Coração de Jesus, a Hora de Presença se destaca pelo fato de poder ser feita sem que seja necessário reservar um tempo, pois o oferecimento é feito "interiormente", e para Jesus, o que vai no interior do homem é mais importante (cf. Lc 11,37-46).

Oração

Sagrado Coração de Jesus, transpassado pela lança e muito mais pelo amor, sois o caminho mais seguro para entendermos, com São João, que "Deus é amor"; para sentirmos, com São Paulo, que "Deus é rico em misericórdia". Em companhia de vossa mãe admirável, de São João, vosso fiel discípulo, de Maria Madalena e de outras piedosas mulheres, queremos também nós, ao pé da cruz, partilhar as vossas dores para juntos testemunhar vossa ressurreição. Sagrado Coração de Jesus, ajudai-nos a crescer no amor e na ternura para com todos os nossos irmãos e irmãs, de preferência os mais pobres e esquecidos. Amém.

12
Evangelho: boa notícia de Jesus

> *Cumpre, somente, que vos mostreis em vosso proceder dignos do Evangelho de Cristo* (Fl 1,27).

O Império Romano dominou a Palestina durante muitos anos. Isso obrigou os israelitas a se adaptar às normas e aos costumes dos romanos. Jesus nasceu, viveu e morreu sob a influência do império, e o seu ensinamento reflete, em grande parte, sua crítica ao sistema imperial.

Um dos costumes dos imperadores era fazer um recenseamento (contagem) da população periodicamente. O objetivo era saber quantas pessoas estavam sob o domínio do império para cobrar impostos delas. Diante da crueldade dos imperadores, o povo tinha de pagar, com o suor de seu trabalho, os impostos que mantinham a estrutura opressora. Note que as pessoas trabalhavam, que, com o fruto do seu trabalho, pagavam os impostos ao imperador, que mantinha o sistema imperial e que, assim, continuava a oprimi-los. Era um círculo vicioso e angustiante.

Havia também entre os césares ("césar" era o título oficial do imperador romano) o costume de mandar anunciar aos súditos a notícia de que um césar havia nascido ou subido ao trono. Um mensageiro era enviado dos palácios para anunciar essa "boa notícia" a todos os moradores do império. Essa boa notícia (para os opressores, é claro) era chamada de "evangelho" e tinha, nitidamente, um sentido pagão. Pode-se imaginar a tristeza e o medo com que o povo ouvia tal notícia, uma vez que significava que a exploração e a crueldade iriam continuar.

Pouco antes de Jesus nascer, o Imperador César Augusto tinha ordenado um recenseamento. José, que era da família de Davi, foi para a cidade de Belém, na Judeia, para se inscrever; pois, de acordo com os costumes judaicos, a pessoa devia se inscrever em sua cidade de origem. Enquanto estavam em Belém, completaram-se os dias e nasceu Jesus. Agora, para alegria de todos, não se tratava mais do nascimento do filho do imperador lá longe nos palácios, mas do Filho de Deus bem no meio do povo, em uma manjedoura. Esse acontecimento, anunciado pelo anjo aos pastores, foi, de fato, uma "boa notícia" para o povo oprimido (cf. Lc 1,10-11). Com o nascimento de Jesus iniciou-se o reinado de Deus, que é totalmente diferente do reinado dos imperadores. Por isso, as primeiras palavras do anjo foram: "Não tenham medo" (cf. Lc 2,10). No Reino de Jesus, diferentemente do reino dos imperadores, não é preciso ter medo. Ele nos conforta, protege e anima. Ao contrário dos imperadores, não quer explorar, mas libertar. Por isso, o anjo disse que Ele é o "Salvador". Salvador porque, além de oferecer a vida eterna de graça, sua missão é salvar a todos do pecado, que causa infelicidade, e trazer a felicidade do seu reino. O anjo também o chamou de "Cristo", que quer dizer "ungido". Era um termo usado para se referir a pessoas que recebiam os óleos santos; em especial, o sumo sacerdote (cf. Ex 30,30-31). Simbolizava o recebimento do

Espírito Santo, que impulsionava a pessoa ungida a realizar uma grande missão (cf. 1Sm 16,1-13). No caso de Jesus, a missão era resgatar os pecadores com sua própria vida. Diferentemente do reino imperial, que via a pessoa apenas como um número capaz de pagar o imposto que sustentava o luxo dos tiranos, o Reino de Jesus veio trazer a paz, a igualdade, a libertação, e mostrar que cada pessoa é única e tem grande valor.

Outra coisa que devemos ter em mente é que o Evangelho (boa notícia anunciada por Jesus) narrado na Bíblia pelos evangelistas não se ocupa de trazer os fatos exatamente como aconteceram. Não são livros de história ou de ciências, mas de teologia. Por isso, mais importante do que o Evangelho diz é o que ele "quer dizer"; isto é, sua intenção, seu ensinamento, sua mensagem. Essa mensagem trazida por Jesus, a despeito do fato de ter sido escrita há cerca de 2.000 anos, continua sendo atual. Ela é uma fonte inesgotável de soluções para os problemas que existiam naquele tempo e continuam existindo hoje, sejam eles quais forem. Ela nos ensina o modo correto de nos relacionarmos com Deus, com os homens e com as questões da existência humana. Enfim, pode tornar nossa vida mais serena e plena de sentido.

Saliente-se, contudo, que, ao contrário dos imperadores, Jesus não impõe, mas propõe o seu Reino. Ele convida a todos para tomar parte como herdeiros, mas respeita a decisão de cada um. Veja que o Reino de Deus já está no meio de nós. Jesus o trouxe na sua pessoa (cf. Mt 1,23; Lc 17,20-21), e cabe a nós reconhecê-lo e aceitá-lo. Essa é a chave para entrar no Reino. E para isso, conforme a mensagem do Coração Sagrado de Jesus, precisamos renascer no Espírito, ou seja, ter uma nova vida em

Cristo (cf. Jo 3,5), e ter vida nova em Cristo é fazer o que Ele fez e ensinou. Assim podemos ter a liberdade própria do Espírito, vale dizer, não nos limitarmos a pontos de vista e comportamentos limitados, egoístas, vingativos e preconceituosos, mas ser capazes de perdoar, respeitar, valorizar e amar infinitamente. No Reino de Deus não existe exclusão; todos são convidados. Não existe distinção; todos são iguais. Não existe medo; a segurança impera. Esta é a boa notícia, o verdadeiro Evangelho anunciado pelo anjo e trazido por Jesus.

Oração

Ó Cristo, nosso único medianeiro. Tu és necessário: para entrarmos em comunhão com Deus Pai; para nos tornarmos contigo, que és Filho Único e Senhor nosso, seus filhos adotivos; para sermos regenerados no Espírito Santo. Tu és necessário, ó único verdadeiro mestre das verdades ocultas e indispensáveis da vida, para conhecermos o nosso ser e o nosso destino, o caminho para o conseguirmos. Tu és necessário, ó redentor nosso, para descobrirmos a nossa miséria e para a curarmos; para termos o conceito do bem e do mal e a esperança da santidade; para deplorarmos os nossos pecados e para obtermos o seu perdão. Tu és necessário, ó irmão primogênito do gênero humano, para encontrarmos as razões verdadeiras da fraternidade entre os homens, os fundamentos da justiça, os tesouros da caridade, o sumo bem da paz. Tu és necessário, ó grande paciente das nossas dores, para conhecermos o sentido do sofrimento e para lhe darmos um valor de expiação e de redenção. Tu és necessário, ó vencedor da morte, para nos libertarmos do desespero e da negação, e para termos certezas que nunca desiludem. Tu és necessário, ó Cristo, ó Senhor, ó Deus conosco, para aprendermos o amor verdadeiro e para caminharmos na alegria e na força da tua caridade, ao longo do caminho da nossa vida fatigosa, até o encontro definitivo contigo, amado, esperado, bendito nos séculos. Amém.

Papa Paulo VI

13
Dons: presentes divinos

Como bons administradores da multiforme graça de Deus, cada um coloque à disposição dos outros o dom que recebeu (1Pd 4,10).

Sabemos que as pessoas gostam de ganhar presentes, especialmente em datas comemorativas como o Natal e o dia de seu aniversário. Assim que alguém recebe um presente de um parente ou amigo o contentamento da alma transborda em palavras e na expressão corporal. É notório, salta à vista. Os motivos de tanto júbilo são basicamente dois: a utilidade do presente e a sensação de ser estimado. São, geralmente, de uso pessoal, como roupas, calçados, brinquedos e utilidades domésticas.

Há também inúmeros presentes que recebemos de Deus. Alguns são dados de modo coletivo, como a luz e o calor do sol, a água da chuva, a fertilidade da terra, o frescor do ar, os amigos e a família. Outros são dados de modo particular, como a capacidade de análise, a liberdade de escolha, o talento para cantar, escrever, falar, servir e liderar. Há ainda os dons espirituais ou carismas, como a sabedoria e a profecia. Nesse sentido, dizemos que são dons. "Dom" significa "presente, dádiva, doação" de Deus. É uma amostra de que Ele, em sua infinita misericórdia, cumula de bênçãos todas as pessoas, independentemente de pedido ou de merecimento.

Embora alguns dons nasçam mais aflorados e outros, por sua vez, precisam ser desenvolvidos, o fato é que todas as pessoas recebem algum dom (= presente divino), e exatamente por isso não podem eximir-se da responsabilidade de partilhá-lo sob a justificativa de que "não possuem nenhum dom". Todos recebemos os dons da inteligência, da criatividade, do serviço e do amor, e com eles podemos desenvolver os demais. Pode ser que não estejam suficientemente desenvolvidos, mas essa tarefa cabe a cada um de nós.

Além disso, merece destaque o fato de que os dons são diferentes entre as pessoas. É o que a Bíblia chama de "diversidade de dons" (1Cor 14,1-31). Assim como na comunidade de Corinto, do tempo de São Paulo, a diversidade de dons ainda é motivo de disputas e rivalidades em muitas comunidades atuais, o que não se justifica. Os diferentes dons que cada um recebe têm a função de ajudar e unir o todo organizado que é a Igreja, e não de dividi-la. A diversidade vivenciada com tolerância e respeito enriquece a relação e promove o seu desenvolvimento na família, na comunidade e na sociedade.

Cabe ressaltar ainda que o que faz toda a diferença não é o tipo de dom que recebemos, e sim o uso que dele fazemos. Muitas pessoas se gabam dos dons que possuem e até se valem deles para manipular a situação ou se colocar em posição de vantagem na relação com o próximo. Lembremos que não somos donos de absolutamente nada. Quanto aos dons, não os conquistamos por nosso esforço; nós os recebemos gratuitamente de Deus. Somos, sim, meros administradores, e como tais não temos o direito de nos apropriar deles nem tampouco de enterrá-los, como fez o "administrador infiel", o qual foi severamente repreendido pelo patrão na Parábola dos Talentos (cf. Mt 25,14-31). Nem mesmo as nações podem ter uso exclusivo da riqueza gerada pelos benefícios dos dons recebidos de Deus, como ressalta o Papa Paulo VI na Encíclica *Populorum Progressio* (O desenvolvimento dos povos): "Se é normal que uma população seja a primeira a se beneficiar dos dons que a Providência lhe concedeu como fruto do seu trabalho, é também certo que nenhum povo tem o direito de reservar as suas riquezas para seu uso exclusivo".

Enquanto os presentes dos homens são, geralmente, para uso pessoal, os dons devem ser de uso coletivo e não devem ser vistos como privilégios ou méritos, mas como responsabilidade e compromisso; devem servir ao Reino de Deus e ao seu propósito de justiça e fraternidade, e não aos propósitos egoístas; devem ser desenvolvidos e partilhados, e não enterrados ou ocultados; devem ser úteis à promoção de vida digna para todos e ser usados para promover o bem ao maior número de pessoas possível. Dessa maneira, a exemplo de Cristo e seu Sacratíssimo Coração, que se doou inteiramente e partilhou todos os dons que tinha, inclusive a própria vida, o devoto deve fazer frutificar os dons recebidos de Deus e, então, um dia, poderá ser convidado a participar da Glória de Deus e ser chamado por Ele de "administrador bom e fiel".

Oração

Tomai, Senhor, e recebei toda a minha liberdade, a minha memória, também o meu entendimento e toda a minha vontade; tudo o que tenho e possuo Vós me destes com amor. Todos os dons que me destes, com gratidão vos devolvo; disponde deles, Senhor, segundo a vossa vontade. Dai-me somente o vosso amor, a vossa graça; isso me basta, nada mais quero pedir. Amém.

Santo Inácio de Loyola

14
Desenvolvimento é para todos

No mundo tereis aflições. Mas tende coragem! Eu venci o mundo (Jo 16,33).

Crescimento e desenvolvimento são sinônimos, isto é, palavras cujo significado é semelhante. No entanto, o significado é semelhante, não igual. E, muitas vezes, pequenas diferenças no significado de uma palavra podem fazer muita diferença na maneira de interpretá-la. Nesse caso, se agimos de acordo com a interpretação que fazemos da palavra, pode ser que nossa atitude não seja aquela que gostaríamos que fosse. Crescer e desenvolver são bons exemplos disso.

Muitas pessoas empregam enormes esforços durante a vida desejando atingir o desenvolvimento, mas ao final se frustram quando percebem que apenas cresceram. Por isso, compreender a diferença faz, na verdade, toda a diferença.

Crescimento é aumento em número, desenvolvimento é aumento em melhoria; crescimento é quantitativo, desenvolvimento é qualitativo; crescimento é externo, desenvolvimento é interno; o crescimento é um caminho no qual se pode seguir com a ajuda dos outros, o desenvolvimento se trilha praticamente sozinho; o crescimento é notório, salta à vista;

o desenvolvimento é mais sutil e nem sempre perceptível; a medida do crescimento é o ter, a medida do desenvolvimento é o ser.

Uma pessoa cresce em estatura, no tamanho do patrimônio ou no padrão de vida, por exemplo; uma pessoa se desenvolve na habilidade de perdoar, de ser mais tolerante e mais altruísta, entre outras. Crescimento e desenvolvimento podem existir simultaneamente; é o caso de alguém que aumenta de tamanho ao mesmo tempo em que se torna mais amável e solidário. Pode, também, haver crescimento sem o devido desenvolvimento; é o caso de alguém que aumenta de patrimônio, mas continua egoísta e mesquinho. Além disso, uma pessoa também pode ser desenvolvida sem crescimento; é o caso de alguém que não atingiu um bom padrão de vida, mas é solidário e prestativo com os mais necessitados.

O crescimento pode trazer melhoria no padrão de vida, mas sozinho é limitado; só pode dar um conforto passageiro. Prova disso é o grande número de pessoas que, mesmo tendo "tudo", possuem comportamentos doentios; têm a sensação de que algo lhes está faltando e por isso cobram muito de si e dos outros. Por outro lado, vemos muitas pessoas que abriram mão de tudo e são tranquilas; têm a sensação de que não lhes falta nada, e por isso agradecem muito. Melhorar o padrão de vida é crescer, é impessoal; melhorar a qualidade de vida é desenvolver, é pessoal. O desenvolvimento é um estado de satisfação com a situação em que se vive, não importa o tanto que se tem. Uma situação na qual o homem compreende seu papel no mundo, sua relação com os homens e com Deus. A pessoa desenvolvida ocupa-se mais em servir do que em ser servida. Visa ao bem de todos, e não somente ao seu. E, embora trabalhe para atingir os objetivos, sabe esperar o momento certo de sua consumação. No lugar de estados depressivos, a atividade; no lugar de estados ansiosos, a serenidade. O equilíbrio e a paz de espírito são as marcas da pessoa desenvolvida.

É fato que desenvolver-se como pessoa não é tarefa fácil, mas a boa notícia é que é possível, está ao alcance de todos. Não depende da posição social, do tamanho do patrimônio, do padrão de vida nem de estudo; basta disposição interior. É só seguir os passos de Jesus e entregar-se ao seu Coração Sacrossanto. A maior prova disso é o que aconteceu aos discípulos. Eram pessoas violentas, obcecadas, incrédulas, impulsivas e intolerantes que, pelo contato com Cristo, se transformaram em seres mansos, amáveis, confiantes e solidários:

• Pedro *era* violento. Além de portar espada (símbolo da violência), cortou a orelha do servo do sumo sacerdote quando os guardas vieram prender Jesus (cf. Jo 18,10). *Tornou-se* a pedra fundamental sobre a qual Jesus propôs construir uma nova comunidade.

• Paulo *era* obcecado. Perseguia, prendia e matava os cristãos. Pretendia apagar o nome de Jesus (cf. At 26,9-11). *Tornou-se* um dos maiores difusores do cristianismo pelo mundo. Desenvolveu-se tanto, a ponto de reconhecer publicamente os próprios erros (cf. 1Cor 15,9).

• Tomé *era* incrédulo. *Tornou-se* convicto (cf. Jo 20,28).

• Tiago *era* individualista. Sem importar-se com o resto do grupo, pediu a Jesus para ocupar um lugar de honra quando Ele estivesse em seu reino (cf. Mc 10,35-37). *Tornou-se* difusor da ideia de não discriminar as pessoas.

• João, irmão de Tiago, *era* intolerante. Queria destruir com fogo do céu os samaritanos que não os receberam (cf. Lc 9,53-54). *Tornou-se* amável. No Evangelho que escreveu, o amor é um dos temas centrais.

Etimologicamente a palavra "desenvolver" significa "tirar o que está envolvendo, enrolando", vale dizer, "tirar as amarras". No caso do homem, o que realmente amarra e impede o seu desenvolvimento é o egoísmo, que, por sua vez, existe não apenas em razão da distância de Deus, mas, também, pelo engano de buscar unicamente o crescimento, pensando que é desenvolvimento.

Oração

Nós vos invocamos, Senhor Deus: Vós conheceis cada coisa e nada vos escapa. Criastes o universo e velais por todos os seres. Vós guiais à verdade aqueles que se encontram na ignorância e na sombra da morte. Quereis salvar todas as pessoas e fazê-las conhecer a verdade. Portanto, oramos a Vós, Pai de misericórdia e Deus de toda consolação: confirmai-nos em nossa vocação, na adoração e na fidelidade. Tornai-nos fortes, Senhor, com a vossa força. Iluminai a nossa alma com a vossa consolação. Ajudai-nos a ver, procurar e contemplar os bens do céu, e não somente da terra. Assim, renderemos glória a vossa majestade onipotente, santíssima e digna de louvor, em Cristo Jesus, vosso Filho, com o Espírito Santo, pelos séculos dos séculos. Amém.

15
Fé: abstrata e concreta

> *Se tiverdes fé como um grão de mostarda direis a esta montanha: transporta-te daqui para lá, e ela se transportará, e nada vos será impossível* (Mt 17,20).

Desde pequenos os cristãos devem ser educados pelos pais "segundo a Lei de Cristo e da Igreja". Não se trata de tradição somente. É o cumprimento de uma promessa feita pelos noivos diante do altar, durante a celebração do matrimônio. Entre outras coisas, a Lei de Cristo baseia-se na fé em Deus, que nos deu o dom da vida e quer que todos os seus filhos tenham vida em plenitude. A fé é, portanto, um dos pilares do cristianismo. Nos percalços da vida, quando muitas situações são adversas e parecem insuportáveis, é a fé em Deus que nos mantém firmes na prática do bem e confiantes na superação das dificuldades. Entretanto, embora quase sempre pensemos em fé com o sentido de "crença", na Bíblia a palavra "fé" tem sentido mais amplo e deve ser entendida não apenas como ato mental e abstrato, mas também como gesto físico e concreto capaz de promover a paz e o bem. A fé inicia-se pela aceitação, mas completa-se com a atitude.

Muitos de nós queremos ver para crer. Tomé e os fariseus eram assim (cf. Jo 20,25; Mt 16,1-4). Eles queriam provas para aceitar Jesus como o Messias. Mas Paulo adverte que o cristão caminha pela fé, e não pela visão (cf. 2Cor 5,6-7). Por isso, primeiro o cristão deve aceitar Jesus e render-se a Ele, professar sua fé nele e aí, então, verá sua graça.

Assim foi com Raab, uma estrangeira que, com sua astúcia e fé em Deus, ajudou os israelitas a derrubar as muralhas de Jericó e, com isso, entrar na Terra Prometida. Pelo fato de ser mulher, estrangeira e prostituta, tinha tudo para ser desprezada pelos israelitas de seu tempo e ter seu nome apagado da Sagrada Escritura. Contudo, essa mulher casou-se com um israelita, foi antepassada de Davi e, por conseguinte, de Jesus, e está entre os heróis da fé, ocupando uma posição de honra na história da Igreja (cf. Mt 1,5; Hb 11,31; Tg 2,25). A razão disso é sua profissão de fé. Ela aceitou Deus como Senhor do céu e da terra apenas por ter ouvido falar, e sem precisar de nenhuma prova agiu conforme lhe fora dito, a fim de cumprir a vontade de Deus, que era dar a Terra Prometida ao seu povo. A fé é, pois, indispensável para que Deus possa agir em nossas vidas. Basta observar que Jesus não realizou muitos milagres em Nazaré, onde passou a infância, porque as pessoas não tinham fé (cf. Mt 13,53-58), mas onde encontrou pessoas cheias de fé operou grandes milagres (cf. Mc 5,34; 10,52; Lc 7,50; 17,19).

Por outro lado é importante notar que, após aceitar Jesus e aderir ao seu projeto, é preciso ter atitude. Não para impressionar os homens, mas para agradar a Deus. A verdadeira fé não leva à acomodação, mas a um agir que promove transformação. Muitos cristãos pensam que nada podem fazer ou que sua contribuição em gestos concretos é demasiadamente pequena para promover alguma mudança, e, em razão disso, simplesmente ficam inertes. Lembre-se de que o que é pequeno para os homens é grande para Deus e que Jesus não buscou os primeiros discípulos em palácios nem no Templo; eles eram humildes pescadores, desprovidos de qualquer recurso. Além disso, Tiago diz que a fé sem obras é morta (cf. Tg 2,14-17) e, portanto, precisa ser praticada. Mas o que é "pôr em prática" a fé? É procurar fazer o que Jesus fez e pediu que seus seguidores fizessem: demonstrar amor e gratidão a Deus; reconhecê-lo como Senhor de nossas vidas; ser justo com os homens; não pretender levar vantagem de nenhuma espécie sobre o próximo; respeitar as pessoas com suas limitações e preferências; não tentar mostrar ser melhor ou superior a ninguém; e não deixar a dificuldade maior para o irmão se puder evitá-la (cf. Mt 10,6-8; 22,34-38; 25,34-40; 28,19-20; Jo 13,34-35); é vivenciar as relações humanas por apreço, e não por conveniência; é empenhar-se para tornar o mundo melhor, ainda que seja somente o mundo à nossa volta; é não querer fugir do mundo, mas transformá-lo.

Portanto, ter fé não é somente acreditar em Deus, mas também agir de acordo com sua vontade todos os dias, seja em casa, no trabalho, na igreja ou em qualquer outro lugar. Só Jesus é verdade absoluta, e quando aceitamos algo como verdadeiro significa que nós comungamos daquela ideia. Por isso, ao aceitar o reinado de Cristo em nossas vidas automaticamente aderimos ao seu projeto de vida, que propõe amor, justiça e liberdade para todos. Aderir é tomar parte, é deixar de ser mero espectador e se tornar ator da situação. Por isso cabe ao cristão, por meio da fé, levar a boa notícia do reinado de Jesus a todas as pessoas em forma de testemunho, de serviço ou de exemplo.

Assim, a exemplo do Coração Santo de Jesus, nós deixamos de vivenciar uma fé que se acomoda em torno dos próprios interesses e assumimos uma fé que se compromete com o coletivo. Saímos do abstrato e concretizamos a missão que foi confiada por Deus a cada um de nós.

Oração

Senhor Jesus, acreditamos e confiamos no amor que o Pai tem para conosco. Acolhemos o vosso convite: vinde a mim todos, aprendei de mim, que sou manso e humilde de coração. O vosso Coração, humano e divino, revela o mistério da bondade do Pai, convida à conversão, dá-nos paz e esperança. Do vosso Coração, transpassado na cruz, nasceram a Igreja e os sacramentos. Queremos beber, com alegria, dessa fonte de salvação. Vemos em Vós o modelo do homem novo, recriado segundo Deus, em justiça e em verdadeira santidade, o homem de coração novo, a mais perfeita imagem de Deus invisível. O vosso Coração é sinal e convite; nele contemplamos o segredo íntimo de vossa pessoa e não podemos ficar indiferentes diante de vossa solicitude pelos famintos, doentes e pecadores. Destes a vida, em obediência ao Pai e por amor da humanidade. Rezastes e morrestes pela união dos homens com o Pai e dos homens entre si. Vosso caminho é também o nosso caminho. Fazei o nosso coração semelhante ao vosso. Amém.

16
Gratidão

Como recebestes o Senhor Jesus Cristo, vivei nele, enraizados e edificados nele, inabaláveis na fé em que fostes instruídos, com o coração a transbordar de gratidão!
(Cl 2,6-7).

Vivemos um tempo no qual desejamos, cada dia mais, executar um número maior de atividades e assumir novos compromissos. Como o dia só tem 24 horas, nós temos que decidir quais tarefas consideramos mais importantes para empenhar nosso esforço e tempo e quais deixaremos para depois; é uma questão de escolha. À primeira vista, a melhor solução – talvez a mais óbvia – é correr; fazer as mesmas tarefas com mais rapidez. No entanto, além de trazer inúmeros prejuízos, a correria faz com que deixemos de lado algumas práticas que são imprescindíveis à boa relação com os homens e com Deus. Dentre essas práticas podemos citar a atitude de gratidão; tão nobre e, infelizmente, um tanto em desuso.

A gratidão é um sentimento de reconhecimento que uma pessoa demonstra ao receber algo de bom de outra pessoa, ao mesmo tempo em que se compromete a retribuir a ajuda, quando necessário. É um comportamento fraternal de reciprocidade.

Por isso, a pessoa que recebe ajuda, favor ou bênção diz "obrigado". Significa que ela está demonstrando sua disposição em retribuir o ato generoso. Na realidade, está se "obrigando" a fazê-lo, literalmente.

Na Sagrada Escritura, a passagem mais marcante na qual se fala sobre gratidão é descrita pelo Evangelista Lucas (cf. Lc 17,11-19). De acordo com o relato, Jesus curou dez leprosos quando seguia para Jerusalém. Ao pedido dos leprosos para que os curasse, Jesus os orientou que fossem mostrar-se ao sacerdote. Cheios de fé, visto que ainda estavam repletos de feridas, puseram-se em busca do sacerdote, e, enquanto caminhavam, todos ficaram curados.

É importante lembrar que, na visão reinante daquela época, a lepra era considerada por muitos como castigo de Deus (cf. Jó 20,23-25). Acreditavam que o fato de deformar a aparência da pessoa tornava-a impura e, portanto, sem o direito de participar do culto e de aproximar-se de Deus. Também não podia aproximar-se dos homens para não torná-los impuros pelo contato. O sacerdote era a única pessoa que podia dar a declaração de que estavam ou não com lepra (cf. Lv 13,2). Assim, após a declaração do sacerdote de que a pessoa estava realmente doente, ela era obrigada a viver isolada, não podia ter contato com ninguém, tinha de andar esfarrapada, com os cabelos despenteados e gritando que era impura (cf. Lv 13,45; Lm 4,15). Certamente o leproso gritava para anunciar sua aproximação e, com isso, permitir que os outros se afastassem. As pessoas estavam mais preocupadas em proteger-se do doente do que em ajudá-lo. Tal situação era, sem dúvida, discriminatória, vexatória e injusta.

Jesus, ao contrário, quebrou mais este paradigma e mudou a situação daqueles leprosos. Sensibilizado, não fugiu, e sim curou a todos. Sabia que se o doente ficasse abandonado e sem cuidados a piora seria certa, tanto no aspecto físico quanto no psicológico. Então Jesus interessou-se em curá-los e, dessa forma, reintegrá-los à família e à sociedade. Com isso, também tirou deles o peso na consciência de que estavam doentes devido à punição de Deus.

Uma vez curados, todos caminhavam radiantes, pois poderiam voltar para suas casas, ao Templo e às atividades normais. A passos largos foram mostrar-se ao sacerdote a fim de receber a declaração de liberdade. Agiam como se eles próprios tivessem conquistado a cura. Com isso, na ânsia pelo reconhecimento de sua pureza, não se atentaram para o fato de que a cura não fora mérito deles, mas bênção exclusiva de Jesus. Esqueceram-se de reconhecer e agradecer àquele que foi a causa de suas alegrias. Do meio do caminho, entretanto, um dos dez voltou para agradecer ao mestre. Curiosamente ele era samaritano, o que para os judeus daquela época era sinônimo de pagão. Então Jesus lhe perguntou: "Não foram dez os curados? E os outros nove, onde estão?" (Lc 17,17). Na verdade Jesus não estava querendo saber em que local os demais se encontravam; Ele queria saber por que razão eles não voltaram para agradecer, como fez o samaritano. Tal fato nos revela que Jesus espera um gesto de gratidão de todos nós. Afinal, assim como naquele tempo, Ele continua nos abençoando de diversas maneiras, que sequer nos damos conta. Santa Margarida Maria Alacoque, em sua experiência mística, revelou que o próprio Jesus disse-lhe que o seu amor pelos homens não era correspondido, e isso era o que mais magoava seu Coração Sacrossanto. Ele pediu, então, à santa que suprisse essa ingratidão humana.

A devoção ao Sagrado Coração de Jesus é essencialmente uma devoção reparadora, por meio da qual se busca reparar os pecados e a ingratidão dos homens, cometidos por atos e omissões contra Jesus. O Mestre amado sempre demonstrou gratidão a Deus (cf. Mt 15,36; Mc 14,23; Jo 11,41). Deu-nos, com isso, o exemplo a ser seguido por todos que o amam. Ressalte-se que, a exemplo do perdão, a gratidão não deve surgir da boca, mas brotar do coração. Do contrário seria apenas um protocolo a ser seguido, o que não agrada a Deus.

Por isso os devotos, imbuídos desse espírito ao mesmo tempo nobre e humilde, devem demonstrar gratidão a Deus e aos homens. Aos que não têm por hábito essa prática, é hora de começar. Afinal, o dia só tem 24 horas e nós temos escolhas a fazer.

Oração

Creio, meu Deus, que estais aqui presente, vos adoro e reconheço por meu Criador e meu soberano Senhor, a quem devo tudo o que sou. Dou-vos infinitas graças por todos os benefícios que de vossa bondade tenho recebido, hoje e sempre; por me terdes criado e remido com o sangue de vosso Filho Jesus Cristo, e conservado até agora para fazer penitência e salvar-me. Creio em Vós, porque sois infinitamente bom; amo-vos de todo o coração, porque sois infinitamente amável, e amo a meu próximo como a mim mesmo, por amor de Vós. Amém.

17
O atleta e o cristão

*Portanto, sede perfeitos, assim como vosso
Pai celeste é perfeito* (Mt 5,48).

O ano é 2012, final do mês de julho. Aproximam-se as olimpíadas de Londres, na Inglaterra. Segundo informações da mídia impressa e eletrônica, cerca de 10.500 atletas participarão das competições. Nesse clima de expectativa e euforia que envolve a aproximação dos jogos, ouvimos muitas histórias de superação contadas por esses guerreiros do esporte. Observando tais histórias, vemos que há atitudes comuns entre muitos atletas e muitos cristãos. Algumas para serem imitadas; outras, banidas.

O atleta, quando vai se preparar para uma grande competição como as olimpíadas, por exemplo, precisa de muita disciplina. Isso implica abrir mão de muita coisa de que gosta e também de tempo que poderia ser dedicado a atividades de lazer e até mesmo ao descanso, para se aplicar ao seu desenvolvimento físico e psicológico. A palavra de ordem é "superação". Aqui o atleta busca com todas as suas forças superar suas próprias limitações, ser melhor do que ele próprio a cada dia e ultrapassar suas próprias marcas. É um tempo no qual ele ignora os obstáculos e as dificuldades e concentra-se quase que exclusivamente no seu objetivo: vencer suas próprias limitações e estar preparado. Esta é uma atitude de perseverança e deve ser imitada.

O cristão, assim como o atleta, também deve procurar se desenvolver e perseverar na busca. O gosto pela evolução é inerente ao ser humano, e buscar o aprimoramento do sentimento e da ação é usar inteligentemente os dons recebidos do Criador para tornar sua vida e a do próximo mais felizes. Por isso o cristão deve tentar ser melhor a cada dia; melhor hoje do que foi ontem; melhor amanhã do que está sendo hoje. Não se trata, obviamente, de um desenvolvimento da técnica, como o equilíbrio, a força e a agilidade, como no caso do atleta, mas de sentimentos como a compreensão, a tolerância e mansidão, e de atitudes como a humildade, o respeito e a solidariedade.

Num outro momento, quando o atleta já está preparado, passa a ter um novo objetivo: vencer seu oponente. As palavras de ordem agora são: "vitória", ser "campeão", ganhar a medalha "de ouro". Mais do que isso, aliás, nessa hora, não raras vezes a vaidade supera a razão e o atleta toma gosto por mostrar sua superioridade. Para muitos, inclusive, a vitória deve ser convincente; se possível, esmagadora. Deve mostrar bem a distância entre o vencedor e o vencido. Quanto maior for essa distância, melhor, para não deixar dúvidas sobre o poder do mais forte. Essa é uma atitude de egoísmo e deve ser banida.

Muitos cristãos também se esquecem dos ensinamentos de Cristo e agem como o atleta que quer mostrar que de algum modo é superior ao próximo (ainda que diga para si mesmo que não é nada disso). Não se trata de um embate direto como nos jogos, mas o próximo é visto, muitas vezes, como um oponente, uma ameaça em potencial. Diante disso o desejo de mostrar-se superior ao próximo é tentador. Assim como no esporte, pensam que se mostrando superiores manterão os possíveis concorrentes a distância. Os homens geralmente gostam de se mostrarem superiores por meio da inteligência, do patrimônio acumulado ou do cargo que ocupam. A mulher, por sua vez, pela rigorosa organização do lar ou pela beleza que possui (ou acredita que possui). Saliente-se que a inteligência, o patrimônio, o cargo, a beleza e administração do lar não são um mal em si. O problema surge quando eles são usados com fins egoístas.

É preciso que o cristão perceba, no entanto, que o adversário aqui não é outro atleta cujas ações podem ser vistas e calculadas. O adversário é invisível, incansável e muito mais sutil. Por isso, é mais difícil de ser vencido. Trata-se dos sentimentos que temos guardado no fundo do coração, como a vaidade, o egoísmo e a soberba. São sentimentos que andam junto com o desejo de demonstrar poder ou superioridade. São tentadores, perigosos e traiçoeiros; fazem sucumbir até o melhor dos homens com a melhor das intenções.

Como exemplo disso lembremo-nos da passagem bíblica na qual Jesus estava a caminho de Jerusalém com os discípulos, e por sugestão de sua mãe, Tiago e João, filhos de Zebedeu, pediram a Jesus para que os colocasse um à sua direita e outro à sua esquerda no Reino. Eles queriam uma posição de destaque, de honra e de comando. Jesus disse que essa honraria não dependia dele e, portanto, não lhes prometeu nada. Lembrou apenas que esses lugares estão reservados aos que cumprem a vontade de Deus (cf. Mc 10,35-40). Afinal, sua missão era salvar todos os homens, e não distribuir privilégios somente a alguns.

Nessa luta só há uma única chance de sagrar-se campeão. É aliar-se ao Sagrado Coração de Jesus, o verdadeiro Rei da glória, e vivenciar o que Ele ensinou e praticou. Procuremos superar a nós mesmos a cada dia, e não ao próximo, pois, diferentemente do esporte, a nossa vitória não precisa ter perdedores. O que precisamos ter em mente é que não devemos nos comparar com os outros no presente, e sim com nós mesmos no passado. Se pecamos ontem e hoje não, então evoluímos; agradamos a Cristo; usamos bem os dons que Deus nos deu, e como prêmio, ganharemos não somente uma competição, mas a competição que vale uma vida.

Oração

Ó Espírito Santo, dai-nos corações grandes
e abertos à vossa silenciosa e forte Palavra
inspiradora, e fechados a todas as ambições
mesquinhas. Dai-nos corações alheios a
qualquer desprezível competição humana e
compenetrados do sentido da santa Igreja.
Dai-nos corações grandes, desejosos de se
tornarem semelhantes ao manso Coração
do Senhor Jesus. Dai-nos corações grandes e
generosos para superar todas as provações,
todo tédio, todo cansaço, toda desilusão, todas
as ofensas. Dai-nos corações grandes e humildes
até o sacrifício, quando necessário; corações
cuja felicidade seja palpitar com o Coração de
Cristo e cumprir fielmente toda a vontade do Pai
celeste. Amém.

Papa Paulo VI

18
A lógica de Deus e a lógica do homem

Felizes os mansos porque herdarão a terra
(Mt 5,4).

Como se sabe, o homem é um ser social, isto é, necessita estar na companhia de outras pessoas para viver plenamente. O Livro do Gênesis nos lembra que Deus mesmo viu que não era bom que o homem vivesse só, e deu-lhe por companhia a mulher (cf. Gn 2,18-24). Também são várias as passagens nas quais o homem recebeu, como bênção, longa descendência (cf. Gn 9,9; 13,15-16; Nm 25,12-13).

Nessa convivência com o próximo, isto é, os irmãos, os outros da mesma espécie, o homem se vale de um modo particular de compreender o mundo e, assim, reagir às situações que o cercam visando dar o maior sentido possível a sua existência, que sabe ser passageira e breve. A essa forma singular de interpretar o mundo e agir de acordo com seus valores pessoais chamamos lógica. É nesse sentido que dizemos frases como "a lógica do sucesso" ou "a lógica do amor".

Também se sabe, quer por meio de estudo sistemático, quer pela própria experiência, que toda pessoa busca o máximo de satisfação e o mínimo de sofrimento ao longo de sua existência. Vejamos que o homem foi criado por Deus para ser plenamente realizado (cf. Gn 2,8-25). Essa satisfação plena foi também um dos motivos da vinda de Cristo ao mundo, como Ele mesmo o disse: "Eu vim para que tenham a vida e a tenham em abundância" (Jo 10,10).

Para assegurar que essa vida plena seja alcançada pela humanidade, além de criá-la Deus ensinou a ela o modo ideal de se relacionar com os semelhantes e com Ele. Esta "maneira ideal" de agir é a lógica de Deus. Está em toda a Bíblia, nos ensinamentos da Igreja e, principalmente, nos Mandamentos da Lei de Deus e nos Evangelhos. Ela é baseada no altruísmo, isto é, no amor ao próximo.

O homem, contudo, acreditando ser capaz de elaborar uma lógica melhor do que a de Deus para atingir a plenitude da existência, criou uma lógica própria. Essa lógica humana, baseada em conceitos estabelecidos por alguns poucos que a criaram por interesses próprios, é copiada por uma multidão de seguidores que nem se dão conta de que os próprios criadores nem sempre a seguem. Ela é baseada no egoísmo, isto é, no amor desmedido a si próprio.

Na lógica limitada do homem, ele quer subjugar as pessoas; Deus quer libertá-las (cf. Lc 4,18-19). O homem impõe e ordena suas vontades; Deus propõe e convida (cf. Mc 1,17; Mt 11,29-30). O homem quer ser senhor dos outros homens; Deus ensina a ser servo deles (cf. Jo 13,1-20). O homem gosta de aparecer junto a pessoas ricas e influentes; Deus nos lembra da importância dos pobres e excluídos (cf. Lc 14,2-14). O homem gosta de ostentação, reconhecimento; Deus ensina o anonimato (cf.

Mt 12,15-21). Para mostrar-se forte o homem age com arrogância; Deus lembra que a força está na humildade (cf. Jo 12,14-15). O homem pensa na vingança; Deus no perdão (cf. Mt 18,21-22). O homem preocupa-se muito com o exterior; Deus ensina que o interior é mais importante (cf. Lc 11,37-53; 16,15; 18,9-14). O homem busca as coisas do mundo em primeiro lugar; Deus diz que em primeiro lugar está o Reino dos Céus (cf. Lc 12,31). O homem gosta de acumular; Deus ensina a partilhar (cf. Mc 6,30-44; Lc 3,10-11). O homem trabalha para "ter"; Deus ensina que o trabalho deve levar ao "ser" (cf. Lc 12,16-21; 3,12-14). O homem foca nos erros dos outros e os acusa; Deus olha os acertos e os compreende (cf. Lc 18,9-14; 22,54-61).

Portanto, como se vê, a lógica do homem é uma inversão da lógica de Deus. E agindo desta maneira, o homem arruma uma gama de problemas que poderiam ser evitados ou intensifica problemas que poderiam ser amenizados. Corre um risco enorme de conquistar fama, fortuna e poder e tornar-se refém do medo de perdê-los; um risco de tentar se destacar a qualquer custo e acabar perdendo sua identidade.

Como filho de Deus o homem deve agir nas relações de modo altruísta. Por isso, ao portar-se com fins egoístas (embora nunca admita isso), ele perde a chance de ser e fazer os outros felizes; torna-se excessivamente ansioso, precisa disfarçar seus sentimentos constantemente e, não raro, quando conquista seus objetivos sente que ainda falta algo para completá-lo interiormente. É certo que o desenvolvimento pessoal e profissional deve ser buscado por todos; afinal, devemos usar com prudência os dons (= presentes divinos) que nos foram dados pelo Criador. O importante é que o façamos com respeito e apreço aos semelhantes e pensando no bem deles, assim como no nosso; é amar o próximo como a nós mesmos. Do contrário, ou seja, ao seguir exclusivamente a lógica do homem e rejeitar a de Deus, poderemos até ser pessoas cheias de sucesso, mas certamente seremos vazias de felicidade.

Jesus, manso e humilde de coração, seguiu e ensinou a lógica de Deus durante toda a sua vida, e mesmo diante de situações nas quais poderia se revelar como Deus, fez-se homem e abriu mão de sua própria vontade para fazer a vontade do Pai. Enfim, mesmo sendo homem como nós, mostrou que, embora a lógica de Deus seja um modo de proceder divino, é humanamente possível.

Oração

Senhor, fazei-me instrumento de vossa paz.
Onde houver ódio, que eu leve o amor.
Onde houver ofensa, que eu leve o perdão.
Onde houver discórdia, que eu leve a união.
Onde houver dúvida, que eu leve a fé.
Onde houver erro, que eu leve a verdade.
Onde houver desespero, que eu leve a esperança.
Onde houver tristeza, que eu leve a alegria.
Onde houver trevas, que eu leve a luz.
Ó Mestre, fazei que eu procure mais
consolar, que ser consolado;
compreender, que ser compreendido;
amar, que ser amado,
pois é dando que se recebe,
é perdoando que se é perdoado,
e é morrendo que se vive para a vida eterna.

Atribuída a São Francisco de Assis

19
Perdão: divino e humano

Tu és bom e perdoas, Senhor, és cheio de amor com todos os que te invocam
(Sl 86,5).

"Eu não perdoo!" ou "Perdoo, mas não esqueço!" É bem possível que muitos de nós já ouviram ou até mesmo disseram frases como estas alguma vez na vida. Na primeira não há disposição de conceder o perdão. Na segunda há disposição, mas percebe-se a dificuldade em superar o passado. O fato é que tanto no primeiro quanto no segundo casos não houve o perdão devido ao rancor guardado pelo ofendido dentro de si. Quando não se quer perdoar ou se guarda o ressentimento, não se está agindo como Cristo ou, dito de outra forma, não se está sendo cristão, pois o fiel deve perdoar sempre (cf. Mt 18,21) e perdoar de coração (cf. Mt 18,35).

No geral, a atitude de "não perdoar" se deve ao fato de o ofendido considerar que o ofensor cometeu uma falta grave contra ele, contra alguém de que ele gosta ou ainda contra a moral e os bons costumes que ele tanto preza. Note-se que nesse posicionamento está presente a ideia de julgamento (o ofendido considera, acha, acredita). O ato de julgar, porém, não é prerrogativa do homem, mas de Deus (cf. Lc 6,37). Só a Ele cabe julgar. Logo, se não podemos julgar, também não podemos reter o perdão (cf. Lc 6,37).

Por outro lado, se, resumidamente, perdoar é "desobrigar alguém de reparar uma ofensa", a pessoa que perdoa mas "não esquece" ainda continua cobrando a dívida, continua esperando que a ofensa seja reparada de algum modo. Na Bíblia, em muitas passagens, o coração refere-se à própria pessoa, por inteiro (cf. Dt 6,4; Is 29,13; Mc 7,21) e Jesus nos ensina a perdoar de coração, isto é, esquecer totalmente o que passou; superar o passado e recomeçar com a esperança no lugar do ódio. Perdoar de coração não é "tirar da memória", e sim, "acabar com o rancor".

Há ainda uma terceira frase que talvez já tenhamos ouvido ou dito: "Eu não preciso pedir perdão!" Nesse caso há uma certa resistência do fiel para tomar a iniciativa em procurar a reconciliação. Nós geralmente pensamos que ir em busca do perdão é uma admissão de culpa, e admitir o erro é algo muito caro e doloroso para a maioria das pessoas. Mas lembremos que o perdão é uma via de mão dupla, pois, além de conceder o perdão, o cristão também precisa pedir perdão para Deus (cf. Lc 11,4) e para os homens (cf. Mt 5,23-24). Para isso ele precisa deixar de lado o orgulho e fazer-se humilde. E, se é verdade que o ser humano vive de desafios, eis aí um bom e grande desafio a ser vencido.

Pedir perdão é necessário para restabelecer a harmonia que é quebrada toda vez que agimos de modo contrário ao amor, ao bem que existe naturalmente na vida. A isso chamamos "pecado". Na origem, a palavra "pecar" significa "falhar, errar o alvo" e refere-se a todo ato no qual falhamos em fazer a vontade de Deus, que é amá-lo sobre todas as coisas, e ao próximo como a nós mesmos. Note-se que pecar (falhar) contra Deus ou contra o próximo produz o mesmo resultado, pois o que se faz ao próximo se faz ao próprio Deus (cf. Mt 25,40). E, querendo ou não, essa falha em manter o bem que existe naturalmente gera sofrimento psíquico, tanto para o ofensor quanto para o ofendido, e o refrigério para o sofrimento de ambos depende do perdão.

É interessante notar que, embora, em sua santidade, Deus esteja sempre disposto a perdoar independentemente do número de vezes que erramos ou da gravidade do erro (exceto o pecado contra o Espírito Santo), há uma condição para recebermos o perdão de Deus: é que também perdoemos o próximo, conforme Jesus ensinou: "E perdoa-nos as nossas dívidas como também (da mesma forma que) nós perdoamos aos nossos devedores" (cf. Mt 6,12.14). Veja que não há como receber o perdão de Deus sem concedê-lo aos homens. Além disso, conceder o perdão não é prestar um favor ao próximo, é cumprir um dever para com Deus.

João Paulo II, o papa que perdoou o homem que tentou matá-lo, escreveu: "O perdão atesta que no mundo está presente o amor, mais forte do que o pecado" (cf. Encíclica *Dives in Misericórdia*). E Jesus, mesmo quando estava sendo crucificado, suplicou a Deus: "Pai, perdoa-lhes; não sabem o que fazem" (cf. Lc 23,34). Como se vê, perdoar e pedir perdão, ainda que considerados gestos de fraqueza aos olhos de muitos homens, são, na verdade, gestos grandiosos aos olhos de Deus.

Oração

Deus, Pai de amor e bondade, que em vossa infinita misericórdia acolheis todos os que se aproximam de Vós com o coração arrependido, acolhei meu pedido de perdão por tantas faltas cometidas contra Vós e meus irmãos. Senhor Jesus Cristo, mestre da ternura e do amor, que devolveu a vida em plenitude a tantos homens e mulheres imersos no pecado e caminhantes das trevas, conduzi-me nos caminhos do perdão e fortalecei minha alma para que eu tenha a humildade de pedir perdão e a misericórdia de saber perdoar. Espírito Santo, Consolador da alma, Advogado dos justos e Paráclito do amor, inspirai em meu coração gestos de bondade e ternura, que devolvam aos corações angustiados a beleza do perdão e as graças da reconciliação. Amém.

20
Julgamento: divino, não humano

Se eu julgo, porém, o meu julgamento é verdadeiro, porque eu não estou só, mas comigo está o Pai que me enviou (Jo 8,16).

Quando falamos em "julgar" logo nos vem à mente a ideia de "condenar alguém". Mas na linguagem bíblica "julgar" tem vários sentidos. Alguns são permitidos e até necessários ao homem, mas há uma exceção; compreender essa diferença é muito importante. Mais importante ainda é proceder de acordo com o aprendizado. Na prática, entretanto, não é o que se vê. Seja por confusão, por fraqueza ou intenção, o fato é que em muitas situações tentamos exercer um direito que é exclusivo de Deus. O resultado, claro, é desastroso.

A primeira situação é aquela na qual o homem pode julgar. Consiste basicamente em dirimir as dúvidas de duas ou mais pessoas acerca de uma situação em que há conflito de interesses. No Antigo Testamento, a palavra hebraica que significa "julgar" também significa "governar", "fazer justiça". É nesse sentido que muitas pessoas da Bíblia julgavam. Entre essas pessoas podemos citar Moisés, os reis, os juízes, os anciãos e até pessoas do povo, de boa índole. Elas ouviam as queixas das pessoas e ajudavam a encontrar uma solução de acordo com a Lei de Deus.

Eram governantes no processo de conciliação. Note que os chamados "juízes" não tinham a intenção de condenar as pessoas; ao contrário, eram mediadores da paz (cf. Ex 18,13-27; 1Rs 3,9; 1Sm 7,15).

A segunda situação é aquela na qual o homem deve julgar. Tal procedimento foi ensinado por Jesus. Nessa situação rara, uma pessoa da comunidade que percebe que um irmão pecou (= falhou em fazer a vontade de Deus) deve procurar o ofensor "separadamente" para alertá-lo sobre seu desvio. O objetivo é levá-lo a perceber a falha e reintegrá-lo à comunidade. Se não obtiver sucesso sozinho, deve chamar mais uma ou duas pessoas para tentar ajudar. Se nem mesmo o grupo conseguir, deve-se, então, chamar toda a assembleia local para tentar encontrar uma solução. Só então, se todas as tentativas fracassarem, é que a irmandade deve considerá-lo como separado. Mas observe que a separação, se ocorrida, foi provocada pela própria pessoa ao resistir em fazer as pazes com o grupo. Podemos falar, então, em separação desejada, já que foi a própria pessoa que recusou o convite de comunhão feito pela comunidade. Além disso, a tentativa de resgatar o pecador foi feita até a última instância; vale dizer, tentou-se tudo o que era possível para restaurar a harmonia. Começou com um cristão, passou pelo grupo e terminou com toda a assembleia. Também aqui a intenção não é condenar, mas perdoar e reconciliar (cf. Mt 18,15-17).

Por último é aquela situação na qual o homem é proibido de julgar. É prerrogativa exclusiva de Deus, justo juiz. Nessa situação, uma pessoa se coloca na posição de julgador e expressa uma avaliação desfavorável de outra pessoa com base na própria visão ou mesmo interesse. A intenção aqui não é pacificar nem reconciliar; ao contrário, é denegrir, maldizer, diminuir o valor. Com espírito de maldade, busca-se unicamente ressaltar as deficiências da outra pessoa, visando expô-la ao ridículo e ao desprezo dos demais; pretende-se depreciá-la no sentido moral ou de caráter. Esse tipo de julgamento não compete ao homem, e foi, por isso, censurado por Jesus (cf. Mt 7,1-5; Lc 6,36-38).

Todavia, não se deve confundir o julgamento maldoso das pessoas (que é proibido) com o julgamento das situações (que é necessário). O cristão não deve concordar com tudo passivamente; é preciso saber julgar as situações cotidianas para se posicionar quanto ao que lhe compete e lhe convém. É dessa análise criteriosa que surge o discernimento entre o que é justo e o que é injusto, o que cabe ao homem e o que compete a Deus. Não fazer esse juízo pode significar, muitas vezes, ser conivente com a injustiça ou, ainda, tentar apossar-se de um direito que só a Deus pertence.

Oração

Ave, ó Coração de meu Jesus, salvai-me!

Ave, ó Coração de meu Criador, aperfeiçoai-me!

Ave, ó Coração de meu Salvador, libertai-me!

Ave, ó Coração de meu Juiz, perdoai-me!

Ave, ó Coração de meu Pai, governai-me!

Ave, ó Coração de meu Mestre, ensinai-me!

Ave, ó Coração de meu Rei, coroai-me!

Ave, ó Coração de meu Benfeitor, enriquecei-me!

Ave, ó Coração de meu Pastor, guardai-me!

Ave, ó Coração de meu Jesus Menino, atraí-me!

Ave, ó Coração de meu Jesus morrendo na cruz, satisfazei por mim!

Ave, ó Coração de Jesus no Santíssimo Sacramento, alimentai-me!

Ave, ó Coração de Jesus em todos os vossos mistérios e estados, dai-vos a mim!

Ave, ó Coração de Jesus, meu Irmão, morai comigo!

Ave, ó Coração de incomparável bondade, tende piedade de mim!

Ave, ó Coração magnífico, resplandecei sobre mim!

Ave, ó Coração caridoso, compadecei-vos de mim!

Ave, ó Coração misericordioso, respondei por mim!

Ave, ó Coração pacientíssimo, suportai-me!

Ave, ó Coração fidelíssimo, pagai por mim!

Ave, ó Coração dulcíssimo, abençoai-me!

Ave, ó Coração pacífico, acalmai-me!

Ave, ó Coração belíssimo, encantai-me!

Ave, ó Coração nobilíssimo, enobrecei-me!

Ave, ó Coração bendito, médico e remédio de todos os nossos males, curai-me!

Ave, ó Coração amante, fornalha ardente de amor, consumi-me!

Ave, ó Coração de Jesus, modelo de toda perfeição, iluminai-me!

Ave, ó Coração, origem de toda felicidade, fortalecei-me!

Ave, ó Coração, fonte de eterna bênção, chamai-me, uni-me a Vós na vida e na eternidade! Amém.

Um navio está seguro no porto, mas não foi para isso que ele foi feito (John Graves Shedd, executivo e filantropo americano).

21
Humildade: questão de consciência e atitude

Aprendei de mim, porque sou manso e humilde de coração (Mt 11,29).

A humildade, um dos pilares do cristianismo, é uma virtude. Com isso todos concordam. Também é consenso geral que a grande maioria dos cristãos se diz humilde ou pretende sê-lo. Mas o que é, de fato, ser humilde? Será que a pessoa que aceita tudo passivamente está sendo humilde, como Jesus ensinou? Será que nós, seguidores de Cristo, muitas vezes não nos revestimos do véu da humildade só para nos eximirmos de responsabilidades?

De forma geral, humilde é a pessoa simples, desapegada do que é supérfluo, sem vaidade, sem desejo de ostentação, que suporta as adversidades da vida com bom ânimo. Compreende que os sofrimentos inerentes à existência humana são uma oportunidade de desenvolvimento, e não um castigo divino. Essas características estão de acordo com a vontade de Deus, e devem ser mantidas.

Há também outras pessoas consideradas humildes, mas cujos comportamentos precisam ser revistos. São pessoas que demonstram submissão a todos, que têm pouca ou nenhuma pretensão profissional e social, e que, por vezes, consideram-se insignificantes e até inferiores aos demais. Acreditam, por isso, que não têm direitos e, por conseguinte, não possuem deveres. Nesse caso a pessoa é vista, quase sempre, como alienada, isto é, que vive alheia aos problemas que afligem a humanidade. É como se ela fosse impossibilitada de fazer as coisas ou se não tivesse nenhum recurso para isso. Em linguagem popular é como se ela fosse um "zero à esquerda". Tem, pois, quase sempre, sentido depreciativo. Essas características não estão de acordo com a vontade de Deus, e devem ser modificadas.

Primeiramente vale ressaltar que a pessoa humilde é submissa incondicionalmente, sim, mas à vontade "de Deus", não à vontade "dos homens". Isso porque, diferentemente da vontade dos homens, a de Deus é perfeita, e está baseada no amor e na justiça. A adesão a tal submissão é voluntária, por jubilosa opção. O humilde tem consciência de suas limitações e de que sozinho nada pode. Tem a nítida compreensão de que é carente e dependente da graça de Deus, que provê todas as coisas. A humildade é, portanto, uma questão de consciência. Esta, aliás, é a grande diferença entre o humilde e o arrogante: o humilde tem consciência de sua fragilidade, o arrogante, não. Por outro lado, a vontade dos homens é baseada no egoísmo e no preconceito. Assim sendo, aceitar a submissão à vontade dos homens incondicionalmente pode significar, muitas vezes, ser conivente com a injustiça. A relação com os homens deve ser pautada pelo respeito e pelo apreço, não pela submissão. Nessa relação, as semelhanças devem ser desenvolvidas, e as diferenças, aceitas.

Também a falta de recursos não pode ser usada como justificativa para a inércia. Lembra-se da Parábola dos Talentos?

(cf. Mt 25,14-30). O homem (Deus) chamou o servo (cada um de nós) de "servo mau e preguiçoso" porque ele não fez render os talentos que recebeu. E todos nós recebemos talentos; são os dons. Jesus, o nosso melhor exemplo de pessoa humilde, fez-se homem como nós e trabalhou incansavelmente pelas coisas do Reino. E com o gesto do lava-pés (cf. Jo 13,1-16) deu-nos, talvez, o melhor exemplo de humildade. Naquele tempo, lavar os pés era trabalho de escravo ou, quando muito, de um discípulo muito devotado que lavava os pés do mestre. Jesus, mais uma vez, inverteu essa prática. Ele, Mestre e Senhor, lavou os pés dos discípulos. Ensinou, com isso, que o humilde é aquele que serve, que se põe a serviço do próximo, não se importando com a diferença de hierarquia ou classe social. Portanto, ser humilde não é ser inerte, apático ou alienado, e, sim, trabalhar em prol da implantação do Reino de Deus em todos os lugares e situações. A propósito, esse dever é pessoal e intransferível. Em vez de ficar à margem da vida e se apoiar no argumento de que não faz nada de errado, é preferível ir para o centro dela e tentar fazer algo que seja certo, a despeito dos riscos que isso traz.

Por fim vale lembrar que a palavra "humilde" vem do radical latino *"humus"*, que significa "terra, solo". E, como se sabe, húmus é solo bom, fértil, que alimenta a vida. Assim deve ser o humilde: não se enaltece como faz o arrogante, mas, sem alarde, frutifica. Não vive para receber honrarias, mas para promover a vida. E para promover a vida não basta o sentimento de simplicidade e desapego nem tampouco ficar estacionado e aceitar tudo passivamente. É preciso a atitude de aprender com Jesus e fazer o que Ele fez e ensinou, onde quer que estejamos e com os dons que temos no momento. Se pensamos que não temos muito, comecemos com o que temos. Quando feito com amor, o pouco para Jesus vale muito. Com isso seremos verdadeiramente humildes: conscientes de nossa dependência de Deus e agindo como colaboradores na construção do Reino que traz vida plena para todos.

Oração

Ó Cristo Jesus, eu vos reconheço como Rei do universo. Sois autor de toda a criação. Exercei sobre mim todos os vossos direitos. Renovo as minhas promessas do batismo, renunciando a satanás, às suas pompas e às suas obras, e prometo viver como bom cristão. Muito particularmente me empenharei em fazer triunfar, por todos os meios ao meu alcance, os direitos de Deus e de vossa Igreja. Divino Coração de Jesus, eu vos ofereço as minhas pobres ações para alcançar que todos os corações reconheçam a vossa realeza sagrada e que, por esse modo, o reino de vossa paz se estabeleça por todo o mundo. Amém.

22
Mulher: ternura e firmeza em defesa da vida

Deus criou o homem à sua imagem, à imagem de Deus Ele o criou, homem e mulher Ele os criou (Gn 1,27).

Em muitas culturas a mulher sempre foi e ainda é vítima de violência e discriminação. Para se ter uma ideia, um estudo divulgado pelo Conselho Nacional de Justiça (CNJ) mostrou que, em 1980, perto de 2,3 em cada 100 mil mulheres foram assassinadas. Já em 2010 essa taxa saltou para 4,6, ou seja, dobrou. Isso faz do Brasil o 7º país do mundo no *ranking* de países com mais crimes praticados contra as mulheres (www.cnj.jus.br). Veja que aqui falamos de homicídios. Não levamos em conta outros crimes, como ameaça, lesão corporal e, também, a violência psicológica, que é tão ou mais danosa do que a violência física. Outra pesquisa, feita pelo Instituto Brasileiro de Geografia e Estatística (IBGE), revela que, no Brasil, embora as mulheres tenham mais estudo do que os homens, apenas 5% dos cargos de chefia são ocupados por mulheres, e, dentre as que ocupam o mesmo cargo de chefia, recebem, em muitos setores, cerca de 40% menos. Tal violência e discriminação não são de hoje. Já no tempo de Jesus predominava a ideia de que a mulher era um ser inferior. É fato que essa visão melhorou muito nos últimos tempos, porém ainda está longe de ser a ideal.

A sociedade israelita era totalmente patriarcal, isto é, centrada no homem. Era ele quem decidia tudo, e tudo era feito em função dele. Todos os membros da família, inclusive a mulher, lhe deviam obediência. Nesse contexto a mulher tinha o dever de ser esposa, mãe e dona de casa. O que ela não tinha eram direitos: não tinha direito a herança (cf. Nm 27,1-11); não podia ser cumprimentada em público; não podia estudar nem ser discípula dos escribas; na rua, tinha que esconder os cabelos; na sinagoga, tinha que ficar separada dos homens; seu testemunho era considerado duvidoso; se, após o casamento, fosse encontrado nela algo "inconveniente", podia ser repudiada (cf. Dt 24,1); além disso, tinha que trabalhar duro. É bom lembrar que a casa era o lugar de produção, e a mulher, a responsável por esta tarefa; não havia supermercados nem feiras; as roupas e os alimentos eram feitos em casa; dentre os nômades, a função de tecer, armar e recolher a tenda era da mulher. Como se vê, ela era tratada com desdém; tinha muitos deveres e poucos direitos. No entanto, tal conduta do homem carece de fundamento bíblico.

Conforme a Bíblia, a mulher foi criada por Deus a partir da costela do homem (cf. Gn 2,21-22). Essa narrativa é cheia de simbolismo e nos dá a base do ensinamento acerca das relações de gênero. A mulher não foi criada da cabeça; isso quer dizer que ela não manda no homem. Tampouco foi criada dos pés; significa que ela não é submissa ao homem. O fato de a mulher ser criada da costela simboliza a sua relação com o homem: é sua companheira. A costela fica do lado do homem, indicando que deve estar ao lado dele, respeitando-o e, também, sendo respeitada por ele. Outro aspecto importante é que a mulher foi criada diretamente por Deus. Não houve a intervenção do homem, que dormia. Significa que tanto a criação do homem quanto a da mulher foram feitas do mesmo modo: diretamente pelo próprio Deus. Portanto, são iguais; não há supremacia; não há hierarquia. Por último vale lembrar o motivo da criação da mulher. O próprio Deus tinha percebido que "não era bom que o homem estivesse só" (cf. Gn 2,18). Pretendia, pois, com a criação da mulher, preencher um vazio que ainda permanecia no coração do homem, mesmo ele estando no paraíso. A mulher, então, a única da mesma espécie do homem, veio não apenas fazer companhia, mas acabar com a solidão do homem. Não veio somente para ficar do lado, mas do lado de dentro, no coração do homem.

Além disso, muitas mulheres tiveram um papel fundamental na história da formação e salvação do povo de Deus, das quais são exemplos:

- A mãe de Moisés, desobedecendo às ordens do faraó, não jogou Moisés no rio, mas o embalou num cesto de papiro calafetado antes de depositá-lo cuidadosamente no rio (cf. Ex 2,1-4).

- A filha do faraó, comovida, também contrariando o mandado dele, retirou do rio o cesto em que Moisés estava e providenciou os cuidados necessários para manter-lhe a vida (cf. Ex 2,5-10).

- Débora, com coragem e fé em Deus, fez o papel do medroso Barac e libertou os israelitas das mãos dos reis cananeus de uma opressão que durou vinte anos (cf. Jz 4,1-24).

- Judite (= a judia), com astúcia e fé em Deus, assumiu o papel de líder ao traçar e executar uma estratégia para livrar os judeus da morte ou da escravidão no cerco armado por Holofernes a mando de Nabucodonosor. Reunificou o povo judeu e foi chamada de "a glória de Jerusalém" (cf. Jt 15,10).

Jesus, em seu Coração Sacrossanto, reconheceu a injustiça que era praticada contra as mulheres e rompeu com esse preconceito. Defendeu a igualdade de direitos e deveres entre homens e mulheres (cf. Mt 19,1-6). Admitiu mulheres como discípulas (cf. Lc 8,1-3). Aprendeu com elas, valorizando sua inteligência (cf. Mc 7,24-30). Além disso, por serem modelo de fé e perseverança, elas foram fundamentais também no movimento cristão:

- Maria, a mãe de Jesus, estava presente quando Ele começou seu ministério público nas Bodas de Caná (cf. Jo 2,1-12).
- A viúva pobre foi modelo de partilha (cf. Mc 12,41-44).
- Marta foi modelo de fé (cf. Jo 11,27).
- Maria Madalena foi a primeira pessoa a ver Jesus ressuscitado, e seu testemunho é verdadeiro (cf. Jo 20,11-18).
- Maria, mãe de Jesus, e outras mulheres participavam com os apóstolos nas primeiras comunidades (cf. At 1,12-14).

Por fim, sobre as questões de gênero, São Paulo também lembra à comunidade de Corinto e a todos nós que, "aos olhos do Senhor, nem o homem existe sem a mulher, nem a mulher sem o homem. Pois a mulher foi tirada do homem, porém o homem nasce da mulher, e ambos vêm de Deus" (1Cor 11,11-12).

Portanto, assim como Jesus fez e ensinou, cabe aos cristãos, notadamente aos homens, dar às mulheres a devida estima. Lembremos que elas tiveram uma valorosa contribuição na história da formação do povo de Deus; tal qual o homem, são filhas de Deus; tal qual Jesus, agem com ternura e firmeza em defesa da vida. Aliás, o nome da primeira mulher é Eva, que significa em hebraico: "aquela que dá vida". É inconcebível, pois, a ideia de discriminar, menosprezar ou matar alguém que promove a vida. São tantas filhas fazendo o papel de mães, olhando os irmãos menores. São tantas mães fazendo o papel de chefes de família, trabalhando para manter a casa. São todas guerreiras, e não lutam para tirar a vida, mas para promovê-la. E sempre que agem na promoção da vida são símbolos do amor de Deus e dignas não apenas de respeito, mas de imitação.

Oração

Ó Deus, do qual provém toda a paternidade, nos céus como na terra. Vós, Pai, que sois Amor e Vida, pelo vosso Filho Jesus Cristo, "nascido de uma mulher", e pelo Espírito Santo, fonte de caridade divina, fazei que, na terra inteira, cada família humana se torne um verdadeiro santuário da vida e do amor, para as gerações que incessantemente se renovam. Fazei que a vossa graça oriente sempre os pensamentos e as ações dos esposos para o maior bem das suas famílias, de todas as famílias do mundo. Fazei que as novas gerações encontrem na família um apoio sólido, que as torne sempre mais humanas e as faça crescer na verdade e no amor. Fazei que o amor, consolidado pela graça do Sacramento do Matrimônio, seja sempre mais forte do que todas as fraquezas, mais forte do que todas as crises, que, por vezes, se verificam nas nossas famílias. Fazei, enfim – nós vo-lo pedimos –, por intercessão da Sagrada Família de Nazaré, que em todas as nações da terra a Igreja possa realizar com fruto a sua missão, na família e pela família. Vós, ó Pai, que sois a Vida, a Verdade e o Amor, na unidade do Filho e do Espírito Santo. Amém!

Papa João Paulo II

23
Vocação e família

Por isso deixará o homem o pai e a mãe e se unirá à sua mulher, e eles serão uma só carne (Gn 2,24).

O mês de agosto é dedicado, na liturgia, às vocações religiosas. Nesse tempo os cristãos são convidados a refletir sobre o papel de cada um enquanto parte integrante e viva da Igreja. A palavra vocação (do latim "*vocare*" = "chamar") quer dizer "chamado, convite" e refere-se, na acepção eclesiástica, ao chamado do Criador a todos os fiéis para serem colaboradores na construção do Reino de Deus.

É comum, quando se fala em vocação, pensar, de imediato, na ordenação do sacerdote ou nos votos perpétuos feitos pelos religiosos e religiosas. Raramente, porém, as pessoas se dão conta de que constituir família também é uma vocação. Aliás, pode-se dizer que é a base de todas as vocações, já que é na escola do lar que se aprendem os fundamentos da vida cristã que orientarão o fiel na escolha que fará, mais cedo ou mais tarde, das demais vocações.

A família, instituição sagrada criada pelo próprio Deus (cf. Gn 1,28) e dentro da qual Jesus nasceu, uma vez alicerçada nos princípios cristãos, é, talvez, um dos melhores exemplos do amor de Jesus pelos homens e por Deus. Os pais, em seu amor infinito, não se importam em passar fome, desde que seus filhos estejam alimentados; até aceitam passar por alguma humilhação, mas jamais admitem que os filhos sejam humilhados; ficam bem, mesmo faltando-lhes tudo, bastando-lhes o amor dos filhos; perdoam sempre, não importa o tamanho do erro, falha ou fracasso do filho; arriscam até a própria vida, se preciso for, para salvar a dos filhos. Todas essas são atitudes de um amor incondicional e desinteressado, pois não impõe condições nem espera recompensa presente ou futura; é o doar a vida por amor, exatamente como Cristo fez por amor aos homens.

Os filhos, por sua vez, sentem-se realizados com a presença dos pais porque encontram neles o exemplo que guia, a segurança que conforta, a firmeza que corrige e a orientação que tranquiliza. Os filhos são obedientes (cf. Ef 6,1), cuidam dos pais (cf. Ex 20,12) e respeitam a vontade deles; é o abrir mão da própria vontade em consideração à vontade de alguém a quem muito se ama, exatamente como Cristo fez por amor a Deus (cf. Mt 6,10; 26,42).

Agindo dessa forma o casal faz de sua vida familiar uma verdadeira vocação na qual são, um para o outro e para os filhos, uma fonte constante de evangelização por meio do ensinamento, do exemplo e do testemunho. Os filhos, vivenciando uma infância cheia de amor e exemplos cristãos, estarão com coração e mente preparados para atender ao chamado de Deus – seja como sacerdotes, religiosos ou pais de família – e, dessa forma, colaborar com a construção de um mundo melhor; um mundo mais justo e mais fraterno, exatamente como quer o Coração Sagrado de Jesus.

Oração

Divino Coração de Jesus, eis-nos aqui prostrados diante de Vós, cheios de sentimento da mais viva gratidão por todos os vossos benefícios e com mais ardente amor pela vossa inefável bondade. Nós vos consagramos, ó Rei divino, por intermédio do coração imaculado de Maria e sob o poderoso patrocínio de São José, toda a nossa família. Seja nosso lar, como o de Nazaré, a morada inviolável da honra, da fé, da caridade, do trabalho, da oração, da ordem e da paz doméstica. Sede Vós mesmo a regra suprema de todas as nossas ações e o solícito protetor de todos os nossos interesses. Nós vos consagramos, ó divino Mestre, todas as provações, alegrias, vicissitudes da nossa vida doméstica, e vos suplicamos que derrameis sobre todos os membros de nossa família, quer ausentes, quer presentes, vivos ou defuntos, as vossas mais preciosas bênçãos; confiamo-los todos, agora e sempre, à tutela do vosso Divino Coração. Nós vos rogamos também por todas as famílias do universo; protegei o berço

dos recém-nascidos, a escola dos meninos,
a vocação dos jovens; sede o conforto dos
enfermos, o arrimo dos velhos, o amparo das
viúvas, o pai dos órfãos; velai vós mesmo,
com amor, em cada morada, à cabeceira dos
doentes e agonizantes. Mas, ó Jesus, oceano
de misericórdia e de amor, nós vos pedimos
que nos socorrais sobretudo na hora de nossa
morte; apertai-nos então, mais do que nunca,
ao vosso Divino Coração, de modo que ele seja
o nosso asilo, o nosso refúgio, o leito do nosso
descanso; e, assim, depois de ter cada um de
nós adormecido, ó Jesus, em vosso bendito
peito, encontremos no céu toda a família no
vosso Sagrado Coração. Amém.

24
Religião ritualista

Misericórdia eu quero, não sacrifícios
(Mt 9,13).

A vivência da religião cristã é uma experiência realmente especial. O seguimento dos preceitos cristãos, por si só, ajuda a melhorar o relacionamento entre as pessoas, tanto no círculo familiar quanto no social e comunitário. Além disso, quando se procura colaborar para a construção de um mundo mais justo e mais fraterno, como pedido por Jesus, a sensação de bem-estar da alma é grandiosa e única. Isto porque somos encorajados a ter uma relação ética e solidária com o próximo, na qual prevalecem a ajuda e a valorização mútua.

Sabemos que a vivência plena do cristianismo passa pela observância de alguns ritos. O próprio Jesus ocupou-se do cumprimento deles, como o batismo, a circuncisão, a ida à sinagoga, a oração, a contribuição do dízimo, só para citar alguns. Muitos ritos permanecem até hoje e são muito importantes, já que sua prática constante demonstra nosso amor a Deus e nos fortalece o espírito para a missão diária.

Contudo, devemos lembrar que a religião baseada exclusivamente no rito não basta. Não está em conformidade com a religião desejada por Deus, ensinada e praticada por Jesus e alimentada pelo Espírito Santo. Enfim, não é suficiente para nos fazer verdadeiros cristãos. Desse modo agia a maioria dos fariseus, e tal atitude foi veemente contestada por Cristo (cf. Lc 11,42).

Os fariseus eram um grupo de pessoas do tempo de Jesus que se vangloriavam pela estrita observância da Lei e da tradição oral recebida dos antepassados. Ostentavam um orgulho injustificado pelo fato de cumprirem os ritos prescritos pela Torá, os cinco livros do Pentateuco, e, por essa razão, acreditavam que o cumprimento das práticas rituais já era suficiente para justificá-los perante Deus (cf. Lc 18,9-14).

É fato que os fariseus deram uma contribuição inestimável na guarda da tradição judaica quando o Templo de Jerusalém foi destruído em 70 d.C. Com a destruição do Templo, os saduceus e a aristocracia sacerdotal que exerciam a liderança do judaísmo também sumiram e coube aos fariseus esse papel, bem como o de reorganizar e formatar o judaísmo, tornando-se, dessa forma, seus mantenedores.

Também merece destaque o fato de que muitos fariseus aderiram ao projeto de Jesus. É o caso de Nicodemos (cf. Jo 3,1-36; 7,45-51), Gamaliel (cf. At 5,33-39) e São Paulo (cf. At 23,6). Jesus também se reunia e comia com eles (cf. Lc 14,1). E, naquele tempo, só comia junto quem tinha afinidade. Com isso queremos lembrar que nem todos os fariseus baseavam sua religião somente nos ritos e, também, que alguns deles foram grandes colaboradores do cristianismo.

A grande maioria, porém, cometia uma grande incoerência. Queriam agradar a Deus cumprindo rigorosamente sua Lei, mas não davam ouvidos ao ensinamento de Jesus, o próprio Filho de

Deus. Praticavam as regras cerimoniais, mas rejeitavam Cristo e seu projeto de vida para todos. Os fariseus contestavam Jesus por acolher os pecadores e curar em dia de sábado, mas eles próprios deixavam de sustentar os pais, alegando que o que lhes era devido era oferenda sagrada. Tal procedimento era apenas um ardil para eximir-se da obrigação do 4º mandamento (Honrar pai e mãe). Também chamavam de "malditas" as pessoas humildes que não conheciam a Lei e as desprezavam (cf. Jo 7,49).

O Coração Sacratíssimo de Jesus mostrou-lhes que toda Lei deve prestar-se a promover a vida; caso contrário, torna-se inútil. A Lei deve ser seguida, os ritos praticados, mas até o ponto em que sua observância não se transforme em puro formalismo, que mais parece medo de não salvar a própria alma do que devoção sincera a Deus.

Por isso os devotos do Sagrado Coração de Jesus devem rever constantemente suas atitudes. Perceberão, com isso, se estão praticando uma religião que não seja apenas ritualista. Os cristãos devem ultrapassar o exercício dos ritos; devem se lançar em meio às pessoas e ser colaboradores na construção de um mundo no qual o princípio do respeito supere o da esperteza. Essas são as verdadeiras exigências de Deus que foram ensinadas por Jesus, o Messias (cf. Mt 28,19).

Lembremos que no Dia de Pentecostes os apóstolos estavam "reunidos no mesmo lugar" (cf. At 2,1); isolados, pois, do mundo. Mas o Espírito de Deus apareceu e os motivou a partir para o mundo. O lugar deles não era lá, mas no meio da multidão, onde tinha gente de "todos os países do mundo". O lugar de agir do cristão é, portanto, no mundo, isto é, no seio da família, da comunidade e da sociedade. A própria Bíblia, escrita pelos autores sagrados sob a inspiração do Espírito Santo, surgiu a partir de situações concretas pelas quais as pessoas passavam na vida diária. Com isso vemos que a nossa missão não está restrita às paredes da igreja, mas em todos os lugares, onde os problemas realmente acontecem. O nosso ideal deve ser valorizar o próximo, respeitá-lo sempre e fazer o bem sempre que pudermos.

Portanto, diferentemente dos fariseus, façamos da importante prática dos ritos não um fim em si mesmo, mas um meio eficaz para adquirirmos a força e a lucidez necessárias para agir no mundo, exatamente como Deus quer que façamos. Aprendamos de Jesus, que é manso e humilde de coração. Nisso consiste a Lei e os Profetas.

Oração

Senhor Jesus, com todos os nossos irmãos na fé proclamamos que Vós sois o Homem Novo, manifestação visível do amor do Pai. Com a encarnação, vos unistes a toda a humanidade. Trabalhastes com mãos humanas, pensastes com mente humana, agistes com vontade humana, amastes com coração humano: em tudo semelhante a nós, menos no pecado. Vosso caminho é também o nosso caminho. Fazei que vivamos o dom do batismo na família, na Igreja e no trabalho, conscientes da vocação e missão que nos confiais. Desejamos fazer da união convosco, no vosso amor ao Pai e pela humanidade, o princípio e o centro de nossa vida. Nós vos pedimos: fazei-nos crescer no amor, para responder aos que sofrem e estão em necessidade. Dai-nos viver o empenho pela justiça e pela paz, para que se realize o Reino do vosso Coração nas almas e na sociedade. Amém.

25
A paz "de Cristo"

Felizes os que promovem a paz, porque serão chamados filhos de Deus (Mt 5,9).

Praticamente todas as nações do mundo pregam a paz. Seus líderes asseguram que procuram o relacionamento pacífico com os outros povos e, com isso, um intercâmbio comercial e cultural que proporcione o desenvolvimento nacional e o bem-estar de sua gente. De fato, a busca e a promoção da paz são gestos cristãos e devem, por conseguinte, ser objetivo de todos. O próprio Jesus Cristo salientou: "Felizes os que promovem a paz porque serão chamados filhos de Deus" (Mt 5,9). De forma ininteligível, entretanto, a atitude vai na contramão do discurso, visto que muitos grupos tentam alcançar a paz promovendo a guerra e a opressão sob várias espécies.

A mídia tem divulgado que grande parte do orçamento das nações, notadamente das mais ricas, é gasta com a indústria bélica. É espantoso notar que, ao invés de construir escolas, hospitais e moradias para a população, gastam-se somas astronômicas em programas de pesquisa para a fabricação de produtos de guerra, como dispositivos de espionagem, veículos blindados e aviões de combate, que espalham destruição, miséria e fome, acentuando, ainda mais, a desigualdade social do planeta. Há também os países que, mesmo não estando em guerra declarada, fabricam e vendem tais produtos com o "simples" propósito de auferir lucro. Diga-se, de passagem, que pouco se sabe sobre esses projetos, já que na guerra quase tudo é "confidencial".

Por outro lado, também temos a chamada "paz romana", que de paz, na realidade, só tem a aparência, dado que, nessa situação, há um grupo opressor e um grupo oprimido, e este, por sua vez, vive quieto, "aparentemente em paz", por medo de represália do grupo dominador. Ao contrário da guerra declarada, essa é silenciosa; não ataca diretamente, deixa a ameaça da ofensiva no ar. O Império Romano usou essa estratégia com muitos povos que conquistou, inclusive com os judeus da Palestina do tempo de Jesus. Os romanos permitiam que os judeus tivessem uma certa liberdade e até cultivassem suas tradições (desde que não contrariassem os interesses imperiais, obviamente), ao mesmo tempo que mantinham um grande efetivo militar na região, a fim de eliminar rapidamente qualquer tentativa de oposição aos interesses do império. A "paz romana", portanto, é aquela apenas aparente, já que a "passividade" do grupo subjugado é conseguida mediante ameaça e opressão por parte do grupo mais poderoso, exatamente como ainda se vê nos dias de hoje, em muitos lugares e situações.

Jesus, o Príncipe da Paz, dentre tantas lições que ensinou, mostrou ao mundo em que consiste a verdadeira paz. Para Ele, não se pode chegar à paz verdadeira quando se interage com os demais considerando-se superior, melhor ou mais importante, mas fazendo-se humilde e servidor. Uma relação na qual os direitos e valores do próximo são levados em conta, por mais diferentes que sejam, e a decisão é tomada por consenso, tendo como fundamento a justiça e, por fim, o bem comum. Esse é um caminho de uma direção só, pois a única maneira de se obter paz no coração é promovendo-a, e essa atitude vale tanto para um indivíduo quanto para um país.

Os cristãos (= seguidores de Cristo) sabem que a paz não pode ser imposta, mas proposta, e, assim sendo, não podem ser adeptos da "paz romana", que oprime silenciosamente, nem tampouco da guerra que destrói. Cumpre-lhes ser promotores da paz, "que exprime não apenas ausência de perigo externo, mas todo um ideal de felicidade na prosperidade individual e coletiva, na harmonia social e na boa relação com Deus. Isso é agir conforme a vontade de Deus, manifestada por meio do Sacratíssimo Coração de Jesus. Esse é o agir "por amor", que garante a verdadeira paz, a paz "de Cristo".

Oração

Senhor Deus de Paz, escutai a nossa súplica! Tentamos tantas vezes e durante tantos anos resolver os nossos conflitos com as nossas forças e também com as nossas armas; tantos momentos de hostilidade e escuridão; tanto sangue derramado; tantas vidas despedaçadas; tantas esperanças sepultadas... Mas os nossos esforços foram em vão. Agora, Senhor, ajudai-nos! Dai-nos a paz, ensinai-nos a paz, guiai-nos para a paz. Abri os nossos olhos e os nossos corações e dai-nos a coragem de dizer: "Nunca mais a guerra"; "Com a guerra, tudo fica destruído"! Infundi em nós a coragem de realizar gestos concretos para construir a paz. Senhor, Deus de Abraão e dos profetas, Deus Amor que nos criastes e chamais a viver como irmãos, dai-nos a força para sermos cada dia artesãos da paz; dai-nos a capacidade de olhar com benevolência todos os irmãos que encontramos no nosso caminho. Tornai-nos disponíveis para ouvir o grito dos nossos cidadãos que nos pedem para transformar as nossas armas

em instrumentos de paz, os nossos medos
em confiança e as nossas tensões em perdão.
Mantende acesa em nós a chama da esperança
para efetuar, com paciente perseverança,
opções de diálogo e reconciliação, para que
vença finalmente a paz. E que do coração de
todo o homem sejam banidas estas palavras:
divisão, ódio, guerra!

Senhor, desarmai a língua e as mãos, renovai
os corações e as mentes, para que a palavra
que nos faz encontrar seja sempre "irmão", e o
estilo da nossa vida se torne: *shalom*, paz, *salam*!
Amém.

Papa Francisco

26
Escatologia: fim ou início?

Tende confiança, sou eu, não tenhais medo
(Mt 14,27).

Todos os cristãos sabem que Jesus veio para salvar as pessoas e ser luz em seu caminhar. Sabem que Jesus veio para ser a Verdade que conduz à vida, e vida em plenitude. Com base nessa convicção seguem suas vidas com fé. São cientes das adversidades, mas crentes na força que vem de Deus. Entretanto, há algumas passagens bíblicas que causam espanto e desconforto em algumas pessoas. Outras, ao ouvir falar do Livro do Apocalipse, por exemplo, ficam aterrorizadas. Aliás, não gostam nem de ouvir falar. Curiosamente, a mensagem de Deus para toda a humanidade, cujo propósito é ensinar e confortar, causa terror. Isso não parece estranho? Analisemos, pois.

Primeiro, temos de ter em mente que o Novo Testamento complementa o Antigo. Por isso, muitas das passagens contidas no Novo Testamento são a confirmação do que foi predito ou iniciado no Antigo Testamento. Segundo, que muitas palavras utilizadas para transmitir o ensinamento divino são "estilos literários", isto é, uma forma simbólica de dizer as coisas. Dentre esses estilos literários encontramos a apocalíptica, que teve início no Antigo Testamento nos livros de Daniel e Zacarias, por exemplo, e refletiu-se no Novo Testamento com os livros do Apocalipse e trechos dos evangelhos. A mensagem apocalíptica é de esperança sobre os acontecimentos do final do mundo. Note bem! O objetivo desse estilo literário, que se utiliza de visões, símbolos e acontecimentos cósmicos, é transmitir uma mensagem de esperança para aqueles que buscam a justiça de Deus no mundo. Isso devia trazer acalento ao coração, principalmente nos tempos de crise, seja interna ou externa. Contrariamente, porém, ao ler tais passagens muitas pessoas deixam de olhar para a "mensagem" e olham para os "acontecimentos". Com isso, ao invés de se sentirem revigoradas, ficam amedrontadas. É bom lembrar que a Bíblia não é um livro de ciências, e como tal não tem o propósito principal de dar informações precisas de fenômenos cósmicos ou fatos históricos. A Bíblia é um livro de teologia, e sua finalidade principal é mostrar como Deus se manifesta na vida das pessoas. Por isso é tão importante perceber a intenção do autor sagrado. No estilo apocalíptico, a intenção é assegurar aos cristãos que, no "final", o Bem, que é Deus, e todos os que estiverem do seu lado, vencerão o mal e tudo o que ele representa. Portanto, todos os que lutam por um mundo de justiça, de paz, de igualdade e de respeito podem ficar tranquilos, pois sua luta não será em vão. Juntos com Deus vencerão, além da injustiça, os dois maiores inimigos do homem: o pecado e a morte.

Jesus mesmo valeu-se do estilo apocalíptico para transmitir sua Boa Notícia (= Evangelho). Trata-se do discurso escatológico de Jesus (cf. Mc 13,1-27; Mt 24,1-36; Lc 21,5-36), que se baseia principalmente nos livros dos profetas Daniel, Miqueias e Ezequiel, do Antigo Testamento. Escatológico quer dizer "que trata dos acontecimentos do final do mundo". Mas, afinal, a que mundo Jesus se refere? Àquele mundo de injustiça e opressão imposto pelos imperadores com o apoio das autoridades judaicas, em detrimento do sofrimento do povo. Jesus se referia à destruição do Templo de Jerusalém e daquilo que ele simbolizava: a autoridade opressora da elite judaica sobre o povo por meio de uma religião legalista que impunha fardos pesados demais para serem cumpridos. Também muitos judeus tinham uma fé descomprometida, na qual não vivenciavam aquilo em que diziam acreditar. Com a vinda de Cristo, aquele mundo de abusos e desrespeito chegou ao fim. Iniciou-se, então, uma nova era, um novo tempo. O tempo no qual o povo eleito foi finalmente libertado de obrigações rituais vazias de sentido e de conceitos equivocados que geravam sofrimento e não agradavam a Deus. O fardo tornou-se leve e a esperança renasceu. Jesus abriu os olhos das pessoas. O bem venceu o mal.

Na última parte do discurso (cf. Mc 13,24-27; Mt 24,30-31; Lc 21,27-28), Jesus fala do grande encontro que teremos com Ele. Deduz-se, portanto, que na segunda vinda de Cristo o modo de proceder que não estiver em conformidade com a vontade de Deus também terá um fim. Será um tempo de júbilo, no qual o povo eleito receberá o prêmio da vida eterna. Entenda-se, "povo eleito" são todas as pessoas que aceitam Jesus como Mestre e Rei de sua vida, procurando fazer sua vontade e cumprindo os mandamentos de Deus. Não importa a nacionalidade, a raça, a condição social, e sim a aceitação de Jesus e a busca por imitar suas atitudes. Mas não nos convém ocupar-nos antecipadamente desses fatos. Ainda é tempo de trabalho; nossa missão continua. Em seu discurso escatológico Jesus nos ensina a ser vigilantes, isto é, agir como cristãos e trabalhar para o bem do próximo; buscar a justiça. Ensina-nos, também, a não nos preocuparmos. Afinal seu Coração é manso e oferece descanso a todos (cf. Mt 11,29); veio para nos salvar (cf. Jo 4,42), para nos dar coragem (cf. Mt 14,27), para nos dar a sua paz (cf. Jo 14,27).

Portanto, na referida passagem bíblica na qual Jesus faz o discurso escatológico, Ele fala do fim daquele mundo no qual as pessoas não agiam de acordo com a vontade de Deus, e não do fim do Planeta Terra. Jesus fala, também, do início de um novo mundo, no qual o amor e a paz reinam absolutos na presença de Deus. Escatologia, como se vê, são como as "dores de parto" mencionadas no discurso: simbolizam o fim da aflição e o início de uma vida nova. O julgamento que haverá um dia, do qual fala o texto, não será de exclusão e punição, e sim de perdão e acolhimento. O propósito do Sagrado Coração de Jesus é nos ter próximos a Ele. Depende apenas de nós aceitá-lo ou não, e isso nós demonstramos com nossas atitudes de cada dia.

Oração

Glória a Vós, amigo da humanidade!
Glória a Vós, que sois misericordioso!
Glória a Vós, Deus generoso!
Glória a Vós, que perdoais os pecados!
Glória a Vós, que viestes nos salvar!
Glória a Vós, que nascestes da Virgem Maria!
Glória a Vós, que fostes flagelado!
Glória a Vós, que fostes desprezado!
Glória a Vós, que fostes pregado na cruz!
Glória a Vós, que fostes sepultado!
Glória a Vós, que ressuscitastes!
Glória a Vós, que fostes anunciado!
Glória a Vós, que subistes aos céus!
Glória a Vós, que estais à direita do Pai!
Glória a Vós, que retornareis um dia!
Glória a Vós, que julgareis a humanidade!
Nessa hora, que a vossa mão me ampare e eu possa glorificar-vos, cantando: Glória, com Ele que se dignou salvar o pecador com a sua misericordiosa bondade. Amém.

Santo Efrém

27
O projeto político de Jesus

> *Sabeis que os governadores das nações as dominam e os grandes as tiranizam. Entre vós não deverá ser assim. Ao contrário, aquele que quiser tornar-se grande entre vós seja aquele que serve, e o que quiser ser o primeiro dentre vós, seja o vosso servo* (Mt 20,26-27).

Poder é a possibilidade de tomar decisões. Dentre as várias formas existentes estão o poder político, o econômico, o administrativo e o militar. A tomada de decisão geralmente é feita por um líder. E, como sabemos, as decisões tomadas pelo líder influenciam a vida das pessoas que estão sob sua responsabilidade. Seja ele legal ou não, o fato é que o poder sempre exerceu um grande fascínio sobre os homens. É tão sedutor e viciante que, muitas vezes, ficamos em dúvida se é o homem que tem o poder nas mãos ou se é o poder que tem o homem nas mãos.

Pelo poder muitas guerras foram declaradas, muitas vidas ceifadas. Pessoas tornaram-se inimigas e reataram a amizade. Muita violência foi praticada e até casamentos arranjados. É algo muito bom quando exercido com responsabilidade, mas pode tornar mau até o mais bem-intencionado dos homens. O estadista americano Abraham Lincoln dizia que "[...] se você quiser pôr à prova o caráter de um homem, dê-lhe poder". Isso porque é numa situação de comando que a pessoa mostra se é comprometida com o bem comum ou com o seu próprio, apenas.

Jesus nasceu e cresceu num ambiente muito violento. Recém-nascido ainda, teve de fugir para o Egito para não ser morto por Herodes Magno. O mesmo Herodes, não conseguindo encontrar Jesus para concretizar seu intento, mandou matar todas as crianças de Belém e dos arredores que tivessem 2 anos ou menos (cf. Mt 2,16). Herodes Antipas, filho de Herodes Magno, mandou cortar a cabeça de João Batista (cf. Mt 14,10) e participou da condenação de Jesus (cf. Lc 23,7-12). Tal violência era fruto do poder político exercido pelo Império Romano e pelos herodianos, que eram os representantes do poder imperial dentro da Palestina, agindo como fiscais dos interesses do império na região. Em troca das concessões e privilégios que recebiam dos imperadores, declararam lealdade a Roma e tentavam manter a estabilidade na região a qualquer custo. Eliminavam imediatamente qualquer coisa que fosse parecida com um movimento de insubordinação ou revolta contra o domínio imperial.

Nesse contexto, vários grupos da Palestina liam as profecias e esperavam que viesse um messias que os livrasse da tirania do sistema opressor. Alguns, como os zelotes, esperavam que o messias fosse derrotar o exército e a estrutura imperial pela força das armas. Outros, como os batistas, esperavam que o messias fosse um juiz severo que fosse vingar as injustiças do povo. Todos eles tinham a limitação própria da visão humana. Por isso, muitos deles não reconheceram Jesus como o Cristo (Ungido) nem aceitaram sua proposta de poder: os herodianos, porque a proposta de poder de Jesus denunciava seus privilégios; os zelotes porque Jesus não veio trazer armas, mas a paz; os batistas, porque Jesus não veio para julgar, mas para salvar.

É certo que Jesus era contra a dominação e a opressão romana. Quando Ele disse: "Dai, pois, o que é de César a César, e o que é de Deus, a Deus" (cf. Mt 22,21), na realidade estava afirmando que era para o imperador levar com ele aquele sistema de governo opressor que lhe pertencia, pois a Deus pertencia aquela terra e aquele povo; ambos eram herança de Deus (cf. Ex 3,7-8). E quando Jesus disse: "O meu Reino não é deste mundo", estava mostrando que a maneira de Jesus administrar o poder era totalmente diferente da maneira como os césares o faziam.

Na proposta política de Jesus, o poder deve ser partilhado, não concentrado nas mãos de um ou de poucos (cf. Mt 18,15-20). Ao contrário do poder que traz glória e tanto seduz os homens, Jesus apresenta o poder-serviço (cf. Mc 10,42-45). Em vez de armas, Jesus apresenta a reconciliação. Em vez de decisões baseadas em interesses próprios, Jesus propõe a justiça. Contra a opressão apresenta a libertação de toda espécie de escravidão, seja física, psíquica, econômica, religiosa ou política. Mas principalmente a libertação do egoísmo, causador de todo mal. Jesus sabia que o mal que estava no sistema político nascia no coração do homem. Portanto, para mudar o sistema era preciso, antes, mudar a própria pessoa. O povo queria uma grande mudança externa; Jesus ensinou que as grandes mudanças começam internamente. As autoridades do tempo de Jesus ficavam distantes da realidade das pessoas pobres e sofredoras. Com base nas leis, falavam muito, mas não faziam o que pregavam. Jesus, ao contrário, ouvia as pessoas e ensinava com base nos fatos da realidade. Com isso deu exemplo que "poderoso" não é aquele capaz de dominar os outros, mas a si próprio (cf. Mt 16,21-23).

Portanto, conforme o ensinamento do Sagrado Coração de Jesus, todo poder deve ser exercido com justiça. As decisões devem ser tomadas de modo participativo, visando aos interesses de todos os envolvidos. Contra a tentação da glória, o poder-serviço. Assim, o respeito à pessoa prevalece e a satisfação de todos é busca contínua.

Oração

Senhor Jesus, desejo seguir o vosso caminho de amor, graças ao qual poderei renovar a minha vida aos cuidados do vosso Santo Espírito, para que em todo o tempo eu seja fiel. Tornai a minha conduta semelhante a vossa, consolidai-me no vosso amor e na vossa paz. Invadi os meus passos com a luz da vossa caridade, para que sejam guiados, dirigidos e instruídos somente por Vós. Acolhei o meu espírito no vosso, profundamente, para que seja mergulhado inteiramente em Vós. Amém.

Santa Gertrudes de Helfta

28
O projeto econômico de Jesus

Alegro-me com o caminho dos teus testemunhos, mais do que em todas as riquezas (Sl 119,14).

Num sistema econômico normal, o Estado é o responsável por distribuir de modo justo os recursos arrecadados e os bens produzidos para atender às necessidades da população. Para isso, aplica as políticas econômicas visando atingir a justiça social da melhor forma possível. Entretanto, devido a interesses particulares de alguns agentes econômicos (pessoas que participam das transações econômicas), a renda não é bem distribuída e a sociedade não é tão homogênea. No tempo de Jesus, o sistema econômico do Império Romano fazia algo parecido. Os bens e impostos arrecadados das províncias eram acumulados e concentrados pela elite imperial, enquanto os súditos empobreciam cada vez mais. Os pobres produziam, os ricos consumiam.

Jesus veio apresentar um projeto econômico diferente do sistema vigente naquela época e também nos dias atuais. Por isso afirmou: "Eu vim para que os homens tenham a vida e a tenham em abundância" (Jo 10,10). Percebam que o desejo de Jesus é que "todos os homens" tenham vida digna, e não apenas "alguns". Por isso, em oposição ao sistema imperial, que acumulava e escravizava, Jesus propõe a partilha e a amizade. Partilha do trabalho: todos ajudam a produzir; partilha dos bens: todos consomem os bens produzidos. Um consumo responsável que valorize e preserve os recursos naturais e humanos.

Além de satisfazer às necessidades de todos, a partilha promove o desenvolvimento individual, do qual damos alguns exemplos:

• *Amar a Deus sobre todas as coisas* – o dinheiro e tudo o que ele representa não é um problema em si. O patriarca Abraão, homem temente a Deus, tinha muitas posses (cf. Gn 13,2). Nos dias atuais também vemos muitas pessoas que têm bens e que utilizam parte deles para ajudar a Igreja e a comunidade. Outros, ainda, os aplicam em atividades que geram emprego e renda para as pessoas, possibilitando que elas cuidem de suas famílias. Logo, se usado adequadamente, o dinheiro é um bem que ajuda a todos. O problema surge quando se põe o dinheiro em primeiro lugar, isto é, antes de Deus. Ele pode transformar-se, então, em um ídolo que nos afasta de Deus e nos dá a falsa ilusão que estamos seguros com ele. Passamos a acreditar que sempre temos razão, que nossa maneira de pensar e agir é a mais correta, que os outros devem nos seguir e até obedecer. É possível que, com o tempo, a humildade dê lugar à arbitrariedade, à intransigência e à arrogância. Se, ao contrário, buscamos o Reino de Deus e tudo o que ele representa, em primeiro lugar, as demais coisas nos são acrescentadas. Quem compartilha mostra que ama a Deus mais do que todas as coisas, inclusive o dinheiro.

• *Amar ao próximo como a nós mesmos* – o ato de partilhar dá aos bens materiais seu devido valor, isto é, coloca-o a serviço da satisfação das pessoas e promove, com isso, a justiça social. A pessoa que partilha desenvolve em si a virtude da misericórdia. Misericórdia significa "sofrer com o outro", e é somente quando se coloca no lugar do outro e se sente o seu sofrimento que se pode amá-lo como a si próprio. Esse sentimento, por sua vez, move-nos a prestar assistência ao próximo. Foi o que Jesus nos ensinou na Parábola do Bom Samaritano (cf. Lc 10,37). Foi o que João Batista ensinou quando dizia: "Quem tiver duas túnicas dê uma a quem não tem" (Lc 3,10). Naquele tempo as vestes eram difíceis de conseguir, e ter duas túnicas era considerado um luxo. O que se pretendia, portanto, era que "todos" ficassem bem.

• *Cultivar a verdadeira liberdade* – pode ser que não percebamos, mas quando queremos muito possuir alguma coisa, também ficamos presos a ela. Desejamos ser senhor e dono, e nos tornamos escravos. Isso pode acontecer com várias coisas, inclusive com as riquezas. Quando Jesus disse que era difícil para o rico entrar no Reino dos Céus (cf. Mt 19,23) não estava colocando obstáculo, mas mostrando a dificuldade que o rico, principalmente, tem em ser desprendido das coisas materiais. Quando se partilha (doa parte) ou até quando se doa tudo, se for algo indivisível, cortam-se as correntes que aprisionam. A pessoa torna-se mais generosa, mais leve; enfim, mais livre verdadeiramente, pois se livra do egoísmo, raiz de todos os males.

Ressalta-se, contudo, que em nenhum momento Jesus prega a inatividade e o ócio. Com exceção dos que estão impossibilitados de fato para o trabalho, todos são convidados a produzir e partilhar. Não se pode simplesmente alegar o fatalismo ou, muito menos, não empreender esforços para que as coisas se realizem. Deus não se compraz com a pobreza, mas espera que façamos a nossa parte. Quando Jesus diz para não nos preocuparmos com o que haveremos de comer ou vestir, não está incitando à falta dos cuidados razoáveis e necessários à vida, mas a agir confiantes na providência divina.

Portanto, no projeto econômico de Jesus, os bens não são concentrados, mas partilhados. A riqueza de uma pessoa não é medida pelo tamanho do seu patrimônio, mas pelo tamanho de sua bondade. A pessoa é valorizada por sua individualidade e pelo que ela é, não por seu poder de consumo ou pelo que ela tem. Assim, em vez do sistema econômico dos imperadores e de seus seguidores que cumula de bens uns poucos em detrimento da miséria de muitos, virá a nós o sistema econômico de Jesus, que quer vida digna para todos. O dinheiro deixará de ter um valor absoluto e passará a ter um valor relativo. Nossa visão romperá os limites da vida material e enxergará os horizontes da vida eterna.

Oração

Senhor Jesus, fonte de todo o bem, nós vos agradecemos porque nos chamastes a compartilhar e manifestar, na Igreja e na sociedade, o amor do vosso Sagrado Coração. Queremos aprender de Vós as riquezas do Evangelho e experimentar a misericórdia de vosso coração. Ajudai-nos a crescer na fé e na caridade, em atenção aos mais necessitados e carentes, a fim de estender a todos o vosso reino de amor. Diante do mundo ferido por tantas injustiças, ajudai-nos a responder com presteza ao vosso apelo: "Aqui estamos, Senhor!" Nas horas difíceis, sustentai-nos com o dom da fortaleza; nas horas felizes, ensinai-nos a louvar o Pai com coração alegre. Em todos os momentos dai-nos a graça de um coração semelhante ao vosso. Amém.

29
O projeto religioso de Jesus

> *Tudo, portanto, quanto desejais que os outros vos façam, fazei-o, vós também, a eles. Isto é a Lei e os Profetas* (Mt 7,12).

Os judeus viveram situações realmente difíceis em todos os aspectos. Além da opressão romana havia, também, a exploração religiosa. Aquela, todos viam e sentiam na própria pele; esta, ao contrário, era mais sutil. Aquela era feita por um povo estrangeiro; esta, pela elite sacerdotal dos próprios judeus. Aquela se impunha pela força das armas; esta agia no nível da fé. Incutia a ideia de que as pessoas deveriam cumprir rigorosamente a Lei para agradar a Deus. Atingia, portanto, a consciência delas, deixando-as sem ter como resistir. Era uma ideologia que se fundamentava unicamente na Lei: seu conhecimento e seu cumprimento.

Tal sistema religioso passou a vigorar a partir das reformas feitas pelo Sacerdote Esdras e pelo Governador Neemias cerca de 5 séculos a.C. O propósito era resgatar a identidade dos judeus, principalmente daqueles que haviam retornado do exílio da Babilônia. A intenção era boa, mas teve como efeito colateral a exclusão social. No afã de atingir um alto grau de pureza étnica e ritual, criaram um sistema religioso com excesso de ritos e preceitos legais. Os fariseus e os doutores da Lei chegaram a elencar 630 princípios legais. Com isso os doentes, os estrangeiros, os publicanos, os pastores, os pescadores e, também, as mulheres, em algumas situações, eram considerados impuros e perdiam o direito de participar do culto no Templo. Por exemplo, ao dar à luz a mulher ficava impura. Se o filho fosse homem a impureza (estado de pecado) durava sete dias; se fosse mulher, quatorze dias (cf. Lv 12,2-5). E para receber o perdão dos pecados e poder novamente se aproximar de Deus no culto tinha que passar por um rito de purificação. Alguns ritos previam apenas um banho, outros precisavam do atestado do sacerdote e outros, ainda, como no caso das mulheres que davam à luz, exigiam que se gastasse dinheiro para comprar e oferecer um cordeiro ou um pombinho (cf. Lv 12,8).

Podemos perceber que tal situação afastava as pessoas mais simples de Deus. Primeiro porque não conheciam toda a Lei (O Pentateuco). Por isso eram desprezadas pelos fariseus, que as consideravam "malditas" (cf. Jo 7,49). Segundo, porque, em alguns casos, era preciso pagar para receber o perdão de Deus. O sacerdote passou a ser o intermediador entre o fiel e Deus. Com isso, o perdão dos pecados tornou-se um comércio no qual era preciso fazer uma oferenda para recebê-lo. No Templo havia um comércio de animais para o sacrifício, mas os vendedores cometiam muitos abusos, e embora os sacerdotes soubessem da situação, não tomavam providência alguma.

Jesus, percebendo a situação, posicionou-se contrário à forma como a Lei estava sendo aplicada. Viu que ela não estava unindo as pessoas nem tornando o mundo mais igual, mas, sim, o contrário. Por isso, para simplificar, resumiu toda a Lei de Deus a apenas dois mandamentos, ambos baseados no amor (cf. Mc 12,30-31). Desse modo, a Lei tornou-se acessível a todos, porque bastava agora entender o princípio, e não cada item da Lei. Além disso, mostrou que toda lei deve ter um propósito justo, e o ser humano deve ser a medida dessa justiça. Se a lei estiver a serviço do homem e promover a vida, é bem-vinda, caso contrário não tem a aprovação de Deus e não precisa ser seguida. Exemplos disso são as atividades de Jesus e de seus discípulos realizadas no sábado. Com a autoridade de quem defende a vida acima de tudo, Jesus fez muitas curas nesse dia e, também, permitiu que seus discípulos arrancassem espigas de milho para matar a fome. Atividades que eram terminantemente proibidas pelos fariseus (cf. Mt 12,1-14). Note que eram atividades em defesa da vida, e, por isso, autorizadas por Jesus.

O Mestre também ensinou que o perdão é de graça e para todos. Não depende de paga nem de intermediadores, mas de disposição interior. Jesus expulsou os vendilhões do Templo pelos abusos que cometiam e deu, Ele mesmo, o perdão a quem pedia. O sistema religioso apresentado por Jesus quer libertar o homem, não subjugá-lo. Por isso, Ele mostrou que a misericórdia é mais importante do que os sacrifícios e que o amor é a norma fundamental. Lembrou que a pureza de coração é mais importante do que a pureza ritual (cf. Mc 7,14-23). Ensinou que Deus está em todos os lugares e é acessível a todos, que não vive trancafiado no Templo nem é exclusividade de alguns, como queriam os sacerdotes. Mostrou que veio amparar a todos igualmente, não importa se são doentes, pecadores, estrangeiros ou mulheres. Aliás, foi por eles, mais precisamente, que Ele veio ao mundo (cf. Lc 5,31). Em outras palavras, o Mestre ajudou e acolheu justamente aqueles que eram excluídos pelo sistema religioso vigente. Apresentou fundamentos que todos podem seguir, e não apenas quem estuda as leis. Enfim, alertou que os ritos e as práticas devocionais são meios para o cristão demonstrar seu amor a Deus, mas jamais, nem sob qualquer pretexto, devem ser usados para legitimar qualquer tipo de exclusão social.

Oração

Cristo, Coração santo, Rei e centro de todas as virtudes. Vós que nos ensinastes que a verdadeira lei deve prestar-se a libertar o homem, ao invés de oprimi-lo. Nós humildemente vo-lo pedimos: fazei de nós homens de verdadeira fé, cujas atitudes ajudem a construir um mundo mais igual e as relações pessoais sejam baseadas na valorização do interesse coletivo, e não no individual. Sabemos que por nós próprios nada podemos, mas que por vossa graça tudo é possível. Então, querido Mestre, guiai-nos para agirmos exatamente de acordo com a vossa vontade e o vosso ensinamento. Seremos, assim, menos egoístas, mais amáveis, mais livres. Amém.

Altamir Ribeiro de Oliveira

30
Ite, missa est

*Ide por todo o mundo, proclamai o
Evangelho a toda criatura* (Mc 16,15).

Até 1965, por determinação da Santa Sé, a missa era celebrada em latim, em todo o mundo. A partir de então, com o término do Concílio Vaticano II e a publicação da Constituição Conciliar *Sacrosanctum Concilium* (1963), as missas passaram a ser celebradas no idioma de cada país, com as devidas traduções para a língua local.

Essa mudança representou uma grande evolução para a Igreja porque contribuiu sobremaneira para melhorar a participação dos fiéis leigos na celebração eucarística. Antes do Concílio, exceto os integrantes do clero e aqueles versados em latim, as pessoas apenas acompanhavam a missa. Depois, elas passaram a participar dela porque entendiam o que estava sendo dito.

Entretanto, em algumas traduções, nem sempre se consegue exprimir com exatidão, no novo idioma, o sentido que uma frase tem na língua original. É o caso, por exemplo, da expressão latina "*Ite, missa est*".

Traduzida como "Ide em paz, o Senhor vos acompanhe" e dita pelo sacerdote ou diácono no final da missa como despedida, essa fala nos leva, por vezes, a pensar que, com o fim da celebração, termina também o nosso dever de cristão. É como se o compromisso do cristão se resumisse unicamente em participar do culto eucarístico: ouvir a homilia, comungar, e pronto. Daí basta ir para casa, e é só. Esse modo de pensar, porém, não condiz com a missão dos cristãos.

A tradução literal da expressão *"Ite, missa est"* não tem consenso entre os gramáticos. O que se sabe é que era dita pelos romanos (falantes da língua latina) no final das audiências nos palácios dos imperadores e nos tribunais de justiça, e significava simplesmente "Ide, estão despedidos". No contexto eclesiástico, entretanto, a expressão tem sentido missionário, como afirma o papa emérito Bento XVI: "Nesta saudação, podemos identificar a relação entre a missa celebrada e a missão cristã no mundo. Na Antiguidade, o termo 'missa' significava simplesmente 'despedida'; mas, no uso cristão, o mesmo foi ganhando um sentido cada vez mais profundo, tendo o termo 'despedir' evoluído para 'expedir em missão'" (Encíclica *Sacramentum Caritatis*).

Esse deve ser, portanto, o sentido que nos guia, já que a missão do cristão não se encerra com o término da missa; mas, ao contrário, apenas começa. A missa não deve ser vista como um fim em si mesma, mas um meio para nos fortalecer na caminhada diária na qual somos chamados a colaborar para a construção do Reino de Deus já na terra. Pois é exatamente ao final da celebração, quando estamos alimentados do Corpo e do Sangue de Cristo, que estamos com a força e o discernimento necessários para evangelizar, isto é, pôr em prática a vivência do projeto de vida de Jesus (cf. Mt 25,31-46; 28,19; Mc 4,21; 16,15; Lc 4,16-21). A participação na Santa Eucaristia deve ser acompanhada de gestos concretos no dia a dia, objetivando transformar o mundo de acordo com a vontade do Mestre Jesus (cf. Mt 7,21; Lc 6,47-49). Por isso, os cristãos são chamados de apóstolos, isto é, "enviados".

Vale lembrar que transformar o mundo não quer dizer fazer coisas para ter notoriedade pelos homens, mas para Deus. Por isso não precisamos, necessariamente, ser um grande líder, ter fama ou fazer uma grande descoberta científica para auxiliar na melhoria do mundo. Basta amar a Deus sobre todas as coisas e ao próximo como a nós mesmos (cf. Mc 12,29-31). Isso todos podemos e devemos fazer em casa, na comunidade e no trabalho.

Em resumo, devemos ter em mente que as palavras de despedida do sacerdote no final da celebração são também uma convocação dos fiéis para agir de modo cristão no meio do mundo, e desse modo transformá-lo por meio do amor. "Esta é a missão", a missão que verdadeiramente agrada ao Sagrado Coração de Jesus.

Oração

Eu vos dou graças, ó Senhor, Pai Santo, Deus eterno e todo-poderoso, porque, sem mérito algum de minha parte, mas somente pela condescendência de vossa misericórdia, vos dignastes saciar-me, a mim pecador, vosso indigno servo, com o Sagrado Corpo e o Precioso Sangue de vosso Filho, Nosso Senhor Jesus Cristo.

E peço que esta Santa Comunhão não me seja motivo de castigo, mas salutar garantia de perdão. Seja para mim armadura da fé, escudo de boa vontade e libertação dos meus vícios. Extinga em mim a concupiscência e os maus desejos, aumente a caridade e a paciência, a humildade e a obediência, e todas as virtudes. Defenda-me eficazmente contra as ciladas dos inimigos, tanto visíveis como invisíveis. Pacifique inteiramente todas as minhas paixões, unindo-me firmemente a Vós, Deus uno e verdadeiro, feliz consumação de meu destino. E peço que vos digneis conduzir a mim pecador àquele inefável

convívio em que Vós, com vosso Filho e o
Espírito Santo, sois para os vossos santos a luz
verdadeira, a plena saciedade e a eterna alegria,
a ventura completa e a felicidade perfeita. Por
Cristo, nosso Senhor. Amém.

Santo Tomás de Aquino
(Para depois da Comunhão)

Referências

BAZAGLIA, P. (dir.). *Bíblia de Jerusalém*. Rev. e ampl. São Paulo: Paulus, 2002.

BERNARDI, O. (comp.). *Orações do povo de Deus*. 30. ed. Petrópolis: Vozes, 2014.

Bíblia Tradução Ecumênica. São Paulo: Loyola, 1994 [Trad. de L. Baraúna].

GASS, I.B. (elab.). *Curso de Bíblia por correspondência*. São Leopoldo: Cebi, 2000-2014, 13 mod., 19 fasc.

GOULART, V.S. (coord.). *Bíblia Sagrada*. 13. ed. Cachoeira Paulista: Canção Nova, 2012.

Hora de Presença [Disponível em http://www.monjasvisitandinas.com.br/mosteiro/pagina/5?page=1 – Acesso em 12/04/2012].

McKENZIE, J.L. *Dicionário Bíblico*. São Paulo: Paulus, 1984 [Trad. de Álvaro Cunha et al.].

MENDES, M.A. (dir.). *Bíblia Sagrada – Edição de Estudos*. São Paulo: Ave-Maria, 2011.

MESTERS, C. & LOPES, M. *Caminhando com Jesus – Círculos Bíblicos do Evangelho de Marcos*. 2. ed. São Paulo: Paulus, 2008.

_____. *O avesso é o lado certo* – Círculos Bíblicos sobre o Evangelho de Lucas. São Paulo: Paulinas, 1998.

MESTERS, C.; LOPES, M. & OROFINO, F. *Travessia: quero misericórdia e não sacrifício* – Círculos Bíblicos sobre o Evangelho de Mateus. 5. ed. São Leopoldo: Cebi, 2008.

_____. *Raio-X da vida* – Círculos Bíblicos do Evangelho de João. São Leopoldo: Cebi, 2000.

MESTERS, C. & OROFINO, F. *A economia do Reino* – Círculos Bíblicos sobre a partilha. São Paulo: Paulus, 2002.

MILAGRO, A. *Os cinco minutos de Deus* – Meditações para todos os dias do ano. 18. ed. São Paulo: Ave-Maria, 2000.

Origem da palavra missa [Disponível em http://tradicao catolicaes.wordpress.com/2010/08/11/origem-da-palavra-missa – Acesso em 12/04/2014].

PE. JOÃOZINHO (org.). *Orações de consagração ao Coração de Jesus*. São Paulo: Loyola, 2010.

PEREIRA, C.A. (coord.). *Pesquisa Nacional por Amostra de Domicílios* – Síntese de indicadores, 2013 [Disponível em http://ftp.ibge.gov.br/Trabalho_e_Rendimento/Pesquisa_Nacional_por_Amostra_de_Domicilios_anual/2012/Sintese_Indicadores/sintese_pnad2012.pdf – Acesso em 27/03/2014].

SALOTO, L.R.F. *Religião também se aprende*. Vol. 7. Aparecida: Santuário, 2002, p. 5-8.

SALVADOR DO CORAÇÃO DE JESUS. *A grande promessa do Sacratíssimo Coração de Jesus*. Belo Horizonte: Divina Misericórdia, 1981.

SCHÖKEL, L.A. *Bíblia do Peregrino*. 2. ed. São Paulo: Paulus, 2006.

SILVA, J.L.P. (dir.). *O Poder Judiciário na aplicação da Lei Maria da Penha* – Cartilha, p. 11. Brasília, 2013 [Disponível em http://www.cnj.jus.br/programas-de-a-a-z/pj-lei-maria-da-penha/lei-maria-da-penha – Acesso em 14/12/2013].

SOUZA, R.R. (dir.). *Bíblia de Estudo*: palavras-chave hebraico e grego. Rio de Janeiro: Cpad, 2011.

STRABELI, M. *Bíblia*: perguntas que o povo faz. 13. ed. São Paulo: Paulus, 1990.

TESSAROLO, A. *Theologia Cordis* – Apontamentos sobre teologia e espiritualidade do Coração de Jesus. Bauru: Edusc, 1993 [Trad. de Claudio Antonio Pedrini].

VALDÉS, A.Á. Que sabemos sobre a Bíblia? Vol. 4. Aparecida: Santuário, 1997, p. 61-70 [Trad. de Afonso Paschotte] [Disponível em http://confrariadesaojoaobatista.blogspot.com.br/2014/06/sagrado-coracao-de-jesus-procura.html – Acesso em 28/06/2016].